Deutscher Neuphilologentag

Neuphilologische Beiträge

Deutscher Neuphilologentag

Neuphilologische Beiträge

ISBN/EAN: 9783743606760

Hergestellt in Europa, USA, Kanada, Australien, Japan

Cover: Foto ©Thomas Meinert / pixelio.de

Weitere Bücher finden Sie auf **www.hansebooks.com**

Neuphilologische Beiträge

herausgegeben vom

Verein für neuere Sprachen in Hannover

in Veranlassung

des ersten allgemeinen deutschen

Neuphilologentages

am 4., 5. und 6. Oktober 1886.

Hannover.

Verlag von Carl Meyer.

(Gustav Prior.)

1886.

Druck von August Grimpe in Hannover.

Inhalt.

Der Verein für neuere Sprachen zu Hannover in den Jahren seines Bestehens 1880-86.

I.

Ein halbes Jahrhundert ist verstrichen. seit Raynouard. der Vater des neuphilologischen Studiums in Frankreich. am 27. Oktober 1836 zu Passy seine müden Augen schlofs. ein Jahrhundert vergangen. seit unser Altmeister Diez in unserm Heimatlande durch Veröffentlichung seiner romanischen Grammatik (1836) den ersten Samen zu tieferen neusprachlichen Studien auszustreuen begann. Weit und breit ist die Saat aufgegangen. Der Sprachmeister von früher ist verschwunden. und was ehemals nur ein Mittel zu galantem Geplauder schien. ist zum Gegenstand der Forschung und tiefen Denkens geworden. Auf jeder Hochschule dehnt sich der neue Zweig des philologischen Studiums weiter und weiter aus und zieht der Jünger immer mehr an sich. Ist es doch gerade unsere Zeit. wo eine neue Epoche anhebt. in welcher mit Hilfe neu entdeckter Naturkräfte die Völker Europas im Wettkampf den weiten Erdenrund sich unterthan zu machen streben und so sich im Ausland in stetiger Berührung befinden, während sie in Europa durch Schienenwege und Telegraphennetze einander immer näher gebracht werden. Täglich mehr erweist sich die Richtigkeit des Ausspruches. dafs so viel Sprachen jemand beherrscht. so viel mal zählt er als Mensch. Das Leben fordert das Erlernen der Sprachen. Doch die Wissenschaft will mehr als Praxis. Sie kann zwar die Aneignung mehrerer Sprachen durch ein Verweisen auf das ihnen Gemeinsame erleichtern. doch ihr Hauptstreben zielt darauf hin. das Werden der Sprache zu erkunden. den Bau zu durchdringen und die Schätze zu heben, welche im Laufe der Jahrhunderte der Geist der Zeit darin niedergelegt hat. — Wie aus dem Schutt von Pergamum und Olympia die herrlichsten Kunstwerke erstanden sind, so enthebt der Forscher dem Staube der Bibliotheken, den Überarbeitungen der Jahrhunderte immer neue Werke, immer neue Formen, die Geist und Gestalt der werdenden Sprache und die Denkungsart früherer Geschlechter näher bringen. In ihr Wesen einzudringen ist unsere Pflicht, mit den Forschungsergebnissen unserer Zeit bekannt zu bleiben eine Notwendigkeit, wenn wir nicht stehen bleiben, zurückschreiten wollen. Auf der Universität nun wird zwar der Wissensdrang durch reich dotierte Bibliotheken gestillt, doch der den Armen der alma mater Entronnene, der in des Lebens harte Wirklichkeit Verstofsene ist oft an einsamem Ort von dem Born der immer aufwärts strebenden Wissenschaft abgeschnitten. Ihm zu helfen, auch ihn der neueren Errungenschaften teilhaftig zu machen, oder andere wieder in regeren Verkehr auf dem Gebiete unserer Wissenschaft miteinander zu bringen, dieses ist das Ziel, das uns vorschweben mufs, und das nur durch vereinte Kräfte erreicht werden kann. Schule und Universität, die Männer der Wissenschaft und diejenigen, welche deren Ergebnisse ins Leben hinüberströmen lassen, mufs ein gemeinsames Band umschlingen, das wieder in kleinere Teile zerlegt, die Fachgenossen aus Nähe und Ferne auf gemeinsamem Boden zusammenführt.

Geben wir uns der Hoffnung hin, dafs dieser Wunsch in Erfüllung gehe. Möge aus den Beratungen der Octobertage in Hannover ein grofser neuphilologischer Bund erstehen, dem es dann obliegt, durch seine Mitglieder wiederum Vereine an gröfseren Orten zu gründen, welche die Fachgenossen zu angespannter Thätigkeit um sich sammeln. — Die Gründung solcher kleinerer Vereine nun durch Mitteilung der hierorts gemachten Erfahrungen zu erleichtern, dieses ist der Zweck folgender Zeilen.

Schon in den fünfziger Jahren war von seiten mehrerer Herren, u. a. auch von unserm ersten Ehrenmitgliede, Herrn Dir. Callin, der Versuch gemacht worden, unter den Gebildeten dieser Stadt einen Verein zur Behandlung wissenschaftlicher Disziplinen, auch der neueren Sprachen, ins Leben zu rufen. Man kam jedoch über die ersten Vorbereitungen nicht hinaus. Die beabsichtigten Vorträge, die auch für ein gröfseres Publikum berechnet sein sollten, waren zumeist den Lehrern zur Last gefallen, deren Zahl zu jener Zeit nur eine geringe war. Gab es damals nur an drei höheren Schulen wissenschaftliche Lehrer, so ist seitdem ihre Anzahl um ein bedeutendes gestiegen. Hannover zählt nunmehr ca. 12 Anstalten mit Lehrkräften, die auf der Universität vorgebildet sind und ihr Kontingent hierorts zu den verschiedensten wissenschaftlichen Vereinen stellen. So fand denn der Gedanke, sich zu einer Vereinigung zur Pflege der neueren Sprachen zusammenzuschliefsen, geeigneten Boden, und auch aus anderen, nicht fachgenössigen Kreisen ward dem Plane reges Interesse entgegengetragen. Einladungen wurden im Januar 1880 erlassen, am 3. Februar die erste gröfsere Versammlung abgehalten und am 10. Februar die Gründung, Abfassung der Satzungen und Wahl des Ausschusses vollzogen. Zum Vorsitzenden erwählte man Herrn Oberl. Ey, der sich um das Zustandekommen der Vereinigung das gröfste Verdienst erworben hatte und sein Interesse für die Sache auch seitdem in regster Weise bethätigt hat.

Als Zweck des Vereins wurde die Pflege der neueren Sprachen, besonders des Deutschen, Englischen und Französischen und die Anbahnung wissenschaftlichen und gemütlichen Verkehrs unter den Fachgenossen und sonstigen für neusprachliche Wissenschaft sich interessierenden Herren hingestellt.

Dieser Zweck ward erstrebt:

a) Durch ein Lesezimmer, in welchem wissenschaftliche, die neueren Sprachen betreffende Zeitschriften, französische und englische Zeitungen, sowie die neuesten Bücher und Broschüren auf dem Gebiete der genannten Sprachen aufgelegt waren:

b) durch allwöchentlich einmalige Zusammenkünfte, in denen durch gelegentliche Vorträge und kürzere Referate wissenschaftliche Diskussionen angeregt wurden:

c) durch Leseabende, die auf Wunsch mehrerer Mitglieder einzurichten waren.

Hierzu traten bald nach Gründung des Vereins:

d) ein Lesezirkel, zuerst nur für Auswärtige, später aber auch für am Orte wohnende Mitglieder; sowie

e) eine Bibliothek, bestehend aus den nicht mehr circulierenden Zeitschriften, sowie aus Schenkungen seitens der Vereinsangehörigen.

Der Verein konstituierte sich mit 30 ordentlichen Mitgliedern. Später eintretende zahlten 3 $\mathcal{M}$. Eintrittsgeld. Als Beitrag waren halbjährlich 5 $\mathcal{M}$. zu entrichten. Auf Anregung von aufsen und um die dem Lesezimmer entnommenen Zeitschriften noch weiter nutzbringend zu verwerten, traten hierzu noch die auswärtigen Mitglieder, welche den nämlichen Betrag, jedoch kein Eintrittsgeld zu entrichten haben. Zusendungen geschehen franko in 14tägigen Zwischenräumen. Auch Damen können seit 1885 hieran teilnehmen, jedoch ist ihnen das Recht aller übrigen Mitglieder, den Sitzungen des Vereins beiwohnen zu können, versagt. Über Zulassung als ordentliches oder auswärtiges Mitglied entscheidet nach schriftlicher Meldung der alljährlich in der Hauptversammlung erwählte Ausschufs, doch ist der Vorsitzende auch allein befugt, Studierende oder andere junge Leute, die sich muthmafslich nur kürzere Zeit am Vereinsorte aufhalten, als aufserordentliche Mitglieder aufzunehmen; von ihnen wird ein auf die Hälfte ermäfsigter Beitrag und kein Eintrittsgeld erhoben.

Was nun die unter a—e oben erwähnten Einrichtungen anlangt, so hat sich die des Lesezimmers leider nicht be währt. Im Anfange zwar war der Besuch ein reger, später aber entsprach derselbe den zu bringenden Geldopfern und der Mühewaltung nicht. Das Zimmer selbst konnte nur in geringem Mafse den Anforderungen modernen Komforts genügen, der gebotene Lesestoff war scheinbar nicht ausreichend, um zu täglichem Besuche einzuladen, auch konnte bei dem zur Verfügung stehenden beschränkten Raume nicht genügend dafür gesorgt werden, dafs bei stärkerem Besuch die unausbleibliche mündliche Unterhaltung den nur Lesens wegen erschienenen Mitgliedern nicht lästig fiel. Noch während seines Bestehens war auch für Einheimische ein Lesezirkel eingerichtet, in welchem die Schriften, die den auswärtigen Kreis durchlaufen hatten, nochmals kursierten. Dieser wurde nun, als durch Aufhebung des Lesezimmers gröfsere Geldmittel zur Anschaffung von Lesestoff zur Verfügung standen, erweitert und ist gegenwärtig mit dem auswärtigen derartig verschmolzen, dafs bei der vorzüglichen Leitung seitens der Bibliothekare Klagen über veralteten Inhalt speziell gewünschter Zeitschriften immer seltener werden. Dafs natürlich bei der Fülle des Gelieferten vieles nicht ganz neu sein kann, ist selbstverständlich. Manches aber veraltet nie, und besser ist's, gute Sachen doch wenigstens einmal, als nie zu Gesicht bekommen zu haben. — Man hat jedoch nie daran gedacht, das Lesezimmer vollständig aufzuheben: vielmehr gab man der Hoffnung Raum und trat auch für die Verwirklichung derselben mit andern Vereinen ein, dafs nämlich angesichts der grofsen Ausdehnung, die unsere Stadt gewonnen, und der zahlreichen wissenschaftlichen Genossenschaften, sich der hochlöbliche Magistrat zur Erbauung eines gemeinsamen Vereinshauses oder doch zur Überlassung geeigneter Räumlichkeiten herbeilassen werde. Dort könnte dann in einem Lesezimmer alles besonders Beachtenswerte aus den entsprechenden Gebieten ausgelegt werden. Zwar hat eine dahin zielende Bewegung noch zu keinem Erfolge geführt, doch glaubt man, dafs sich die

städtischen Behörden nicht auf die Dauer dem ausgesprochenen
Wunsche nach einer allgemeinen Zentralstelle für wissenschaftliche Bestrebungen verschliefsen werden.

Welche Auswahl früher im Lesezimmer geboten wurde
und jetzt sich im Lesezirkel vorfindet, wird aus folgender
Übersicht hervorgehen. Es waren bislang vorhanden:

a) Zeitschriften allgemein wissenschaftlichen Inhalts:
1) Zarncke, Litterarisches Zentralblatt (seit 1880)*):
2) Saturday Review (seit 1884 in 2 Exemplaren); 3) The
Academy (seit 1880).

b) Zeitschriften allgemein sprachwissenschaftlichen Inhalts: 1) Techmer, Internationale Zeitschrift für allgemeine
Sprachwissenschaft (seit 1884); 2) Lazarus und Steinthal,
Zeitschrift für Völkerpsychologie und Sprachwissenschaft
(seit 1885); 3) Vietor, Zeitschrift für Orthographie, Or-
thoëpie und Sprachphysiologie (seit 1885); 4) Quellen und
Forschungen zur Sprach- und Kulturgeschichte (seit 1880 ;
5) Magazin für Litteratur des In- und Auslandes (seit 1880).

c) Zeitschriften für neuere Philologie im allgemeinen:
1) Behaghel und Neumann, Litteraturblatt für germa-
nische und romanische Philologie (seit 1880).

d) Zeitschriften für die verschiedenen Zweige des neusprachlichen Studiums:

α. Deutsch: 1) Steinmeyer, Zeitschrift für deutsches
Altertum (seit 1880); 2) Paul und Brune, Zeitschrift
für Geschichte der deutschen Sprache und Litteratur
(seit 1883); 3) Jahrbuch für niederdeutsche Sprach-
forschung (1880—81).

*) Die in Klammern beigefügten Zahlen bezeichnen das Jahr, seit
welchem, bezw. in welchem auf die betr. Zeitschrift abonniert wurde
Einige derselben sind eingegangen, andere, so namentlich die Tageszeitungen, des Kostenpunktes wegen abgeschafft, wieder andere kamen
durch Vereinsangehörige zur Auslage, die teils verzogen, teils aber auch
das Abonnement aufgaben. Gegenwärtig ist aller Lesestoff Eigentum
des Vereins.

β. Englisch: 1) Anglia (seit 1880): 2) Kölbing. Englische Studien (s. 1880); 3) Shakespeare-Jahrbuch (s. 1885).

γ. Romanische Sprachen: 1) Boehmer, Romanische Studien (seit 1880); 2) Romania (seit 1880): 3) Gröber. Zeitschrift für romanische Philologie (seit 1883).

δ. Französisch: 1) Körting und Koschwitz (bezw. Behrens und Körting), Zeitschrift für neufranzösische Sprache und Litteratur (seit 1880, seit 1885 in 3 Exemplaren); 2) Körting und Koschwitz, Französische Studien (seit 1883); 3) Krefsner, Franco-Gallia (seit 1882, seit 1885 in 2 Exemplaren); 4) Courrier de Vaugelas (1880—81).

e) An belletristischen Zeitschriften:

α. Französisch: 1) Revue des deux mondes (seit 1880, seit 1885 in 3 Exemplaren); 2) Roman des familles (seit 1884): 3) L'Interprète (seit 1880).

β. Italienisch: Interprete (seit 1880).

γ. Englisch: All the year round (seit 1883).

f) An illustrierten Zeitschriften:

α. Französisch: Monde illustré (seit 1880).

β. Englisch: 1) Graphic (seit 1880): 2) Ill. London News (1880—82); 3) Punch (1880—82).

g) An Tageszeitungen:

α. Französisch: Journal des Débats (1880).

β. Engl.: 1) The Times (1880): 2) Manchester Courier (1880).

Dazu kommen noch Dissertationen und Broschüren, die dem Verein in letzter Zeit immer häufiger von verschiedenen Seiten zugehen.

Zusammen 33 Zeitungen und Zeitschriften. Die früher im Lesezimmer von Herrn Buchhändler Ludwig Ey in reichem Mafse ausgelegten neuesten Publikationen gelangen gegenwärtig bei Gelegenheit der Vortragsabende zur Einsicht und Kenntnisnahme der Fachgenossen.

Wenn das Eingehen des Lesezimmers einen Ausgleich durch Ausdehnung des Lesezirkels auch auf die ordentlichen

Mitglieder gefunden hat, so ist doch eine andere Einrichtung,
die Leseabende, nach fünfjährigem Bestande augenblicklich
vollständig verschwunden. Es ist jedoch auch hier begründete Hoffnung vorhanden, dafs schon im nächsten Winter-
semester die Stunden wiederkehren werden, wo Gleich-
strebende in traulichem Kreise sich versammeln, um nach
alter Universitätsweise die Interpretation oder Besprechung
eines alten oder neuen Schriftstellers vorzunehmen. — Bisher
wurden folgende Werke behandelt:

a) Im Altfranzösischen: Le voyage de Charlemagne à
Jerusalem (Koschwitz' Ausg.): Gormund et Isembard
(Heiligbrodts Ausg.): Aucassin et Nicolette (Suchiers
Ausg.): Chrestien de Troyes: Li chevaliers au Leon
(Hollands Ausg.): Stücke aus Bartsch' altfranz.
Chrestomathie.

b) Im Provenzalischen: Stücke aus Bartsch' prov. Chrestomathie.

c) Im Neufranzösischen: Augier, Les deux Philibert; Pon-
sard, L'honneur et l'argent; Molière, Monsieur de Pour-
ceaugnac; Mol., La Comtesse d'Escarbagnas; M., Le
Sicilien: M., Le mariage forcé; M., Le bourgeois gentil-
homme; Mirabeau's Reden (Fritsches Ausg.); Chateau-
briand, Itinéraire de Paris à Jérusalem.

d) Im Spanischen: Lopez de Vega, La discreta enamorada.

e) Im Italienischen: Goldoni, Il vero amico.

f) Im Englischen: Shakespeare, Richard III.: Sh., Cym-
beline: Sh., Romeo and Juliet: Bret Harte, The tales
of the Argonauts: Marc Twain, Sketches: Ben Jonson,
Every man in his humour.

Aufserdem wurde noch italienische und spanische Grammatik getrieben, ferner Emilia Galotti ins Französische
übersetzt.

Am lebhaftesten bethätigt sich das Vereinsleben in den
Wochenversammlungen. Zwar hat sich auch hier der jugend-

liche Ansturm in etwas gelegt, indem statt allwöchentlicher
Vorträge dieselben seit einigen Jahren nur alle 14 Tage
abgehalten werden, doch sind sie stets gut besucht und
dienen auch dem Nebenzweck, durch Heranziehen von Gästen
zur Vermehrung der an hiesigem Orte befindlichen Mitglieder
beizutragen. — Was nun die Richtung betrifft, in welcher
sich die Vorträge bewegen, so ist dieselbe mit wenigen Ausnahmen eine mehr Wissenschaft und Leben verbindende,
eine mehr popularisierende, als ausschliefslich gelehrte.
Fragen, wie sie im Laufe der Zeit in den periodischen
Schriften auftauchen, finden dort ihre Erörterung, der
vor kurzem dahin gegangenen sprachwissenschaftlichen und
litterarischen Gröfsen und ihrer Bedeutung wird gedacht,
oder auch ihrer an den betreffenden Gedenktagen Erwähnung
gethan. Andere Redner brachten grammatische Themata,
für die sie sich besonders interessierten, zur Besprechung,
wieder andere die Früchte ihrer Lieblingslektüre, junge
Doktoren das von ihnen in Dissertationen besprochene
Gebiet. Viel Anregung zu Vorträgen gaben aber auch die
Theateraufführungen der Shakespeareschen Dramen, der
Wildenbruchschen Werke, sowie der Wagnerschen, der nor-
dischen Mythologie entnommenen Opernstoffe.

Insgesammt sind es ca. 130 Reden, die im Laufe der bis
jetzt verflossenen 6 Jahre gehalten sind. An alle schlossen
sich Besprechungen — bis der Wissenschaft müde, der
Frohsinn die Oberhand gewann und bei Scherz, Lied und
Trunk die Versammelten noch heitere Stunden zusammen-
hielt.

Von den zu Gehör gebrachten Vorträgen sind manche
in Zeitschriften übergegangen, manche haben Veranlassung
zu gröfseren Abhandlungen gegeben: jeder derselben aber
kann durch Vereinsmitglieder von dem betreffenden Redner
zur Einsicht erbeten werden. Die Namen der Vortragenden
und deren Themata sind nun folgende:

1) Dr. F. H. Ahn: Victor Hugo.

2) Dr. Blumenthal: On Byron's Cain. — Dickens and Thackeray.

3) Lehrer Bosse: Mirabeau, le génie de la révolution.

4) Dr. Bottermund: Über die Psychologie der Sprache.

5) Dr. Breul: Schillers ästhetische Briefe. — Die Sage von Robert dem Teufel.

6) Oberlehrer Brinkmann: Über die Einwirkungen der englischen und deutschen Litteratur aufeinander.

7) Direktor Callin: Über echt deutsche Vornamen (zwei Vorträge).

8) Oberlehrer Dr. Ebbecke: Die Personen des Rolandsliedes. — Piron. — Rabelais' Gargantua. — E. M. Arndt und Victor Hugo.

9) Oberlehrer A. Ey: Die französischen und englischen Historiker auf den höheren Schulen. — Für wen hat Shakespeare seine Königsdramen geschrieben? — Über den Narren im König Lear. — Miss Sara Sampson. — Über das gegenwärtige Pariser Theater (1881). — Zum Gedächtnis des Professors Theodor Müller. — Über Adolf Lann. — Über J. Wolffs Singuf. — Xavier de Maistre. — Unsere Zeitschriften. — Köbers Conjugateur. — Die Place de la Concorde und die Tuilerien. — Das französische Volkslied. — Ewerharzische Zitter. Gedichte von G. Schulze in oberharzischer Mundart. — Sur la poésie de la Sainte-Chapelle et de Notre-Dame de Paris.

10) Herr Flörke: Marlowe. — Tassos Befreites Jerusalem.

11) Herr Gürke: Über französische Wortbetonung. — Der Vers in Victor Hugos Dramen. — Über Madame de Staëls De l'Allemagne. — Michel de Montaigne.

12) Dr. Heiligbrodt: La Chastelaine de Vergy. — Gormund et Isembard.

13) Herr Hilmer: On Fielding.

14) Herr F. Hornemann: Walther von der Vogelweide. — Gedanken und Vorschläge zur orthographischen Reform. — Das Hildebrandslied. — Über die Stellung des Chors im Oedipus Rex. — Die Bedeutung und Methode des neusprachlichen Unterrichts an Gymnasien. — Zur Reform des Gymnasiums. — Das Gesetz der dramatischen Einheit und Schillers Wilhelm Tell. — J. Wolffs Tannhäuser. — Wildenbruchs Karolinger. — Die theatralische, dramatische und tragische Wirkung des Lear. — Shakespeares Coriolan. — Das historische Drama bei Shakespeare und Schiller. Die Verschmelzung des Antiken und Modernen in den antikisierenden Dramen Schillers. — Hamlet. — Die Reformbestrebungen auf dem Gebiete des Sprachunterrichts. — Eine französische Stunde in Quinta. — Die Behandlung der Verbalflexion in den neueren Reformgrammatiken.

15) Dr. Kasten: Das Rolandslied. — Über französische Verslehre. — On Fielding. — Der Unterricht im Englischen und Französischen an Realschulen. — Olivier Basselin. — Scarrons Roman comique. — Pierre Corneille.

16) Kandidat Katzenstein: Die belgischen Dichter. — Über Deteriorierung deutscher Wortbedeutungen. — Friedr. Theodor Vischer als Dichter.

17) Dr. Kentel: Der Loup-garrou im Abenteuerroman Guillaume de Palerme. — Shakespeares Coriolan und seine Quellen. — Das Verhältnis der französischen Konjugation zur lateinischen.

18) Dr. Kraack: Goethe und die Nibelungen.

19) Dr. Knigge: Über die Dichter von The Pearl. Sir Gawain. De Erkenwalde. Patience, Cleanness.

20) Lector P. Kœune: Emile Zola. — Blaise Pascal. — Alfred de Musset. — Montesquieu. — Victor Hugo. — Racines Athalie.

21) Dr. Lohmann: Über Voltaire. — Byrons Manfred.

22) Dr. Lüdtke: Tennysons Harold. — Wildenbruchs Harold.

23) Direktor Dr. A. Meyer: Über Sprachsünden der Deutschen im Französischen. — Die Modi im Französischen. — Die Bindung der Wörter im Französischen (zwei Vorträge). L'Origine des formes du verbe français. — Le Participe présent. — Les femmes auteurs. — Das Participe passé. — Über Wortton und Satzton im Deutschen und deren Wiedergabe im Französischen.

24) Dr. G. Müller: Victor Scheffel.

25) Dr. Oehlert: Über Dantes Divina Commedia. — Petrarca. — Über Sprachphysiologie.

26) Dr. Peters: Über das englische Gerundium.

27) Dr. Pieper: Sur Balzac. — On Charles Dickens. — On Thackeray. — The influence of Italy on the genius of Byron. — Voltaire comme poéte satirique. — On Swift. — Sur Turgenjew. — Goethe dans ses rapports avec la littérature française. — Sur la révolution française.

28) Dr. Reissert: Französisches Frauenleben im Mittelalter. — Das Märchen vom Schlaraffenland.

29) Dr. Röver: Lord Byron's opinion of Pope's poetry. — Das Wesen des Lustspiels bei Shakespeare. — Molière.

30) Kand. Rosen: Etude sur l'accent. — Methode einer neuen französischen Phonetik. — Über Stuart Mills Erziehung.

31) Rektor Dr. Rosenthal: Der fremdsprachliche Unterricht auf gehobenen Bürgerschulen. — Laurence Minot. — Charles Kingsley.

32) Professor Dr. Schlüter: Über Percy Bysshe Shelley.

33) Dr. K. Schmidt: Der Fortschritt der deutschen Sprache in Lessings Nathan. — Börne. — Bertrand de Born.

34) Oberlehrer Schmidtmann: Höltys Lonoda. — Volapük, die neueste Weltsprache.

35) Dr. Adelb. Schroeter: Episoden aus der deutschen Homer-Übersetzung.

36) Professor Dr. Stengel: Über einen Verband der deutschen neuphilologischen Vereine.

37) Professor Dr. Victor: Über den Latein-Anfangsunterricht.

38) Reall. Wanner: Über den Heliand. — Das sch im Anlaut deutscher Wörter. — Das erste Schuljahr des französischen Unterrichts. — Über Ersetzung verloren gegangenen Sprachstoffes. — Parzival. — Luthers Bedeutung als Dichter des evangelischen Kirchenliedes. — Die schulmäfsige Behandlung der deutschen Götter- und Heldensage. — Wotan.

39) Dr. Wehrhahn: Über das neue deutsche Regelbuch.

Seit dem Jahre 1885 unterhält der Verein Beziehungen mit dem Verein deutscher Lehrer in London und mit dem Kartellverband der neuphilologischen Vereine auf den deutschen Hochschulen,· die im Austausch von Programmen, Dissertationen und sonstigen Schriften ihren Ausdruck finden.

Des gemütlichen Verkehrs im Anschlufs an die Vereinsabende ist bereits Erwähnung gethan. Doch auch aufserdem fand mancher die eine oder andere Gelegenheit. um die Freunde „zu fröhlichem Thun" an die Methbank zu fesseln. Von Vereinswegen wurden in bestimmten Zwischenräumen Bowlenabende entriert und alljährlich der Stiftungstag in festlicher Weise begangen. So ist es denn gekommen, dafs, auf sich selbst stehend, von niemandem unterstützt,. der Verein in alter Blüte steht. Möge er bald viele seines Gleichen im grofsen Deutschland erblicken, die mit ihm, geeinigt durch ein weites Band, dem nämlichen Ziele im Dienste der Wissenschaft zustreben.

II.

Auszug aus der Rechnung des Vereins.

I. Einnahme.	1880	1881	1882	1883	1884	1885
1) An Beiträgen:						
a. der ordentl. Mitglieder	422,00		460,00	439,00	496,50	494,00
b. der ausserordentlichen Mitglieder	12,00	575,50	14,00	10,00	2,50	7,50
c. der auswärtigen Mitglieder	40,00		113,00	217,00	210,00	265,00
2) Sonstige Einnahmen:						
a. Überschüsse aus vor. Rechnung	—	7,27	29,11	49,25	47,89	174,43
b. aus Vorträgen, Festlichkeiten	4,80	12,00	—	—	—	22,50
c. aus dem Verkauf von Zeitschriften	—	—	—	11,70	—	7,50
d. Vergütung vom Ortslesezirkel	—	—	—	34,00	37,00	—
e. Insgemein	2,00	—	9,49	1,00	—	3,00
Summa . . .	480,80	594,77	625,60	761,95	793,89	974,33
II. Ausgabe.						
1) Für Zeitschriften . . .	248,06	266,21	190,01	406,36	386,71	386,41
2) „ Bekanntmachungen	72,45	65,00	74,20	59,80	54,15	66,85
3) „ Drucksachen . . .	51,52	76,85	58,50	69,95	61,25	60,30
4) „ Porto und Versendungskosten . .	—	—	67,15	86,95	70,85	103,45
5) „ Botenlohn etc. . .	—	—	—	46,00	36,50	46,25
6) „ Anschaffungen (Schränke etc.) .	71,50	57,60	41,85	—	—	36,80
7) . „ Beiträge an Stiftungen	—	—	—	—	—	20,20
8) „ Mieten	22,50	90,00	105,00	45,00	—	12,00
9) „ Insgemein	7,50	10,00	39,61	—	10,00	10,00
10) Ausgleich. Kapitalien .	—	—	—	—	—	200,00
11) Vortrag auf neue Rechnung	7,27	29,11	49,25	47,89	174,43	35,07
Summa . . .	480,80	594,77	625,60	761,95	793,89	974,33

III.

Der Ausschufs bestand in den Jahren 1880 bis 1886 aus folgenden Herren:

1) Oberlehrer Beckmann (1880/84).
2) Oberlehrer Dr. Ebbecke (seit 1880).
3) Oberlehrer A. Ey (I. Vorsitzender s. 1880).
4) Buchhändler L. Ey (s. 1880).
5) Dr. Heiligbrodt (s. 1881).
6) Pastor Hildebrandt (1880).
7) Gymnasiallehrer Hornemann (Bibliothekar s. 1880, II. Vorsitzender s. 1886).
8) wiss. Lehrer Hunold (s. 1885).
9) Kaufmann Kasspohl (1880,85).
10) Dr. Kasten (I. Schriftführer s. 1880).
11) Dr. Keutel (Bibliothekar s. 1884).
12) Direktor Dr. A. Meyer (II. Vorsitzender 1880 85).
13) Lehrer G. Müller (s. 1882, Bibliothekar s. 1883).
14) Pastor Rettberg (II. Schriftführer 1880).
15) Rektor Dr. Rosenthal (s. 1880, Bibliothekar 1880/84).
16) Lehrer Ryssel (s. 1881, Kassenmeister s. 1883).
17) Oberlehrer Schmidtmann (s. 1880, II. Schriftführer s. 1881).
18) Lehrer Staacke (s. 1881).
19) wiss. Lehrer Steinberg (s. 1885).
20) Lehrer Wanner (1880 85, Kassenmeister 1880,83).

IV.
Verzeichniss der Mitglieder.
A. Ehren-Mitglieder.

1. Callin, F., Director (seit 1880).
2. Dieckmann, Director, Dr. (seit 1881).
3. Wiedasch. Dr., Professor, Director am Lyceum II (seit 1881).

B. Ordentliche Mitglieder.

1. Albers, Lehrer an der Bürgerschule V (1883/85).
2. Algermissen, Lehrer an der kath. Höheren Töchterschule (1881/85).

47. Manz, C., Verlagsbuchhändler (s. 1885).
48. Meyer, Dr. Ad., Direktor der Höheren Töchterschule I (s. 1880).
49. Mertens, E., Kaufmann (1880/83).
50. Mohrmann, Dr., Oberlehrer am Lyceum I (1880).
51. Müller, G., Lehrer an der Höheren Töchterschule I (s. 1880).
52. Müller. Dr. G., Lehrer an der Höheren Töchterschule I (s. 1885).
53. Nonne. Cand. phil. (1881/83).
54. Nordhoff, Lehrer an der Bürgerschule II (s. 1883).
55. Oehlert, Dr. (s. 1884).
56. Oehlkers, Lehrer an der Höheren Töchterschule I (s. 1881).
57. Peters. Dr., Lehrer an der Höheren Bürgerschule I (s. 1880).
58. Pieper, Dr.. Oberlehrer am Realgymnasium I (s. 1880).
59. Reissert, Dr., Cand. prob. am Leibniz-Realgymnasium (s. 1885).
60. Rettberg. Pastor (1880).
61. Ritter. Rentier (1880/81).
62. Rosen. wiss. Lehrer an der Höheren Töchterschule I (1882/85).
63. Rosenberger, Buchhalter (1884/85).
64. Rosenthal, Dr.. Rektor der Höheren Bürgerschule II (s. 1880).
65. Röver, Dr., Lehrer am Realgymnasium I (s. 1882).
66. Rühle. Professor (s. 1880).
67. Ryssel, Lehrer an der Höheren Bürgerschule II (s. 1880).
68. Salge, Hülfslehrer, Nienburg (1885).
69. Sandmann, Lehrer am Realgymnasium I (1882).
70. Schaffner, Direktor der Handelsschule (1880/82).
71. Schimmeyer, Dr., Lehrer an der Höheren Bürgerschule II (s. 1882).
72. Schmidt, Dr., K. Instituts-Vorsteher (s. 1880).
73. Schmidtmann, Oberlehrer am Leibniz-Realgymnasium (s. 1880).
74. Schulze, Dr., Oberlehrer an der Höheren Bürgerschule I (1880/83).
75. Schulze. Gymnasiallehrer am Lyceum I (1880/82).
76. Simon, A.. Vice-Consul der Vereinigten Staaten (1880/83).
77. Staacke. Lehrer an der Bürgerschule VIII (s. 1880).
78. Steinberg, wiss. Lehrer an der Höheren Töchterschule I (s. 1880).
79. Stemmann, Lehrer an der Stadttöchterschule III (1880).
80. Thies. Ordentl. Lehrer am Realgymnasium I (s. 1880).
81. Thies, Cand. phil. (1884).
82. Thoms. Lehrer an der Höheren Töchterschule I (s. 1883).
83. Toennies, Sprachlehrer (1880/83).
84. Uhlemann, Dr., Lehrer am Kaiser-Wilhelm-Gymnasium (s. 1884).
85. Uthoff, Dr.. Lehrer am Lyceum I (s. 1884).
86. Vernizzi. G., Sprachlehrer (Milano) (1884).
87. Wanner, Lehrer an der Höheren Bürgerschule I (s. 1880).
88. Wedemeyer. Cand. prob an der Höheren Bürgerschule II (s. 1885).
89. Wehrhahn. Dr.. Lehrer an der Höheren Bürgerschule II (1880/82).
90. Witte, wiss. Lehrer an der Höheren Töchterschule I (s. 1880).
91. Ziel, Referendar (s. 1885).
92. Zietsch. Lehrer am Kaiser-Wilhelm-Gymnasium (s. 1885).

C. Auswärtige Mitglieder.

1. Ahn, Dr. F. H., Oberlehrer a. D., Lauterberg (s. 1883).
2. Aschermann, Dr., Oberlehrer, Lübeck (s. 1885).
3. Banning, Frau Dr., Minden i. Westf. (s. 1885).
4. Barmeyer, Lehrer am Johanneum, Lüneburg (1880/82).
5. Bohne, Gymnasiallehrer in Geestemünde (s. 1883).
6. Borchers, Dr., Oberlehrer in Hildesheim (s. 1883).
7. Bötjer, R., Realgymnasiallehrer in Celle (s. 1886).
8. Brandes, Dr., Cand. prob. in Hildesheim (s. 1885).
9. Brandes, Seminarlehrer in Aurich (1880).
10. Braun, Kaufmann, Hildesheim (1883).
11. Calezki, Frl., in Kattowitz (1885).
12. Dornheim, Professor in Minden in Westf. (s. 1885).
13. Dönhoff, Frl. E., Orsoy a. Niederrhein (s. 1885).
14. Dörr, Rektor der Höheren Töchterschule in Solingen (s. 1886).
15. Drees, Dr., Gymnasiallehrer in Wernigerode (1883).
16. Eiben, Oberlehrer, Hagen i. W. (s. 1885).
17. Ernst, Dr., Oberlehrer in Lübeck (s. 1885).
18. Flörke, Lehrer am Andreanum in Hildesheim (s. 1880).
19. Fontheim, Frl., in Liebenburg (s. 1886).
20. Groeneveld, Hinderk, Cand. prob., Duisburg (s. 1886).
21. Groon, Dr., Oberlehrer in Verden (s. 1880).
22. Haars, O., Gymnasiallehrer in Goslar (s. 1881).
23. Hastert, Gymnasiallehrer in Hagen (s. 1886).
24. Hattendorf, Cand. prob. in Hildesheim (s. 1886).
25. Hannesen, Realgymnasiallehrer in Dülken (s. 1885).
26. Heberle, O., wiss. Hülfslehrer an der Höheren Bürgerschule in Lübeck (s. 1885).
27. Hemme, Dr., Rektor in Einbeck (1880/83).
28. Heyne, Kaufmann, Goslar (1881/82).
29. Heussler, Fr., Gymnasiallehrer in Wesel (s. 1886).
30. Hölscher, Dr., Rektor in Bonn (1886).
31. v. Hörsten, Gymnasiallehrer in Gandersheim (1885).
32. Hupe, Dr., Oberlehrer, Lübeck (s. 1883).
33. Klingemann, Gymnasiallehrer, Osnabrück (s. 1885).
34. Klinghardt, Dr., Oberlehrer am Realgymnasium in Reichenbach in Schl. (s. 1882).
35. Knigge, Dr., Weetzen (s. 1885).
36. Knösel, Dr., Cand. prob. in Hildesheim (1885).
37. Kocke, E., Apotheker in Rothenfelde (s. 1880).
38. Kühl, Oberlehrer in Minden (1886).
39. Lenk, Dr., in Stade (s. 1886).
40. Lohmann, Dr., Lehrer der Höh. Töchterschule in Lüneburg (s. 1880).
41. Martini, Frl. Helene, Lehrerin in Jever (s. 1885).
42. Maus, Dr., in Minden (s. 1886).

43. Meybrink, E., Dr. in Erfurt (s. 1886).
44. Meyer, Dr., Rektor in Elsfleth (1880).
45. Meyer, K., Dr. am Johanneum in Lüneburg (s. 1886).
46. Mücke, Frl. Joh, in Jever (1885).
47. Mühlefeld, Dr. in Münden (s. 1880).
48. Pape, Oberlehrer in Hagen (s. 1886).
49. Perschmann, Dr. an der Höheren Töchterschule in Osnabrück (1882/83).
50. Peters, Dr. Lehrer in Gandersheim (s. 1883).
51. Prien, Dr., Neumünster (Holstein) (1885/86).
52. Rensch. Oberlehrer in Lübeck (s. 1885).
53. Reuter, W.. Dr in Spa (Belgien) (s. 1886).
54. Rhode, Dr. A, Lübben i. W. (s. 1885).
55. Ricken, Gymnasiallehrer in Ruhrort (s 1885).
56. Ritter, Dr.. Rektor in Nienburg (1880/83).
57. Rose, Gymnasiallehrer, Sondershausen (1881/84).
58. Rosen, Gymnasiallehrer, Salzgitter (s. 1886).
59. Schemann, Dr., Hagen i. W. (s. 1885).
60. Schwentzer, Rektor der Höheren Töchterschule in Uelzen (1881).
61. Seedorf, A., Rector der Höheren Töchterschule in Kattowitz (1883/86).
62. Seedorf, E., Lehrer der Höheren Töchterschule in Graudenz (s. 1883).
63. Schlickum, Dr. J., Lehrer der Gewerbeschule, Hagen i. W. (s. 1884).
64. Schlüter, Dr., Professor in Hildesheim (s. 1883).
65. Sinn, Gewerbeschullehrer in Hagen (s. 1886).
66. Schwacke, Dr., Altona (s. 1883).
67. Stalmann, Dr., Lehrer an der landw. Schule, Hildesheim (s. 1884).
68. Stange, Dr., Gymnasiallehrer, Minden i. W. (s. 1880).
69. Tappert, Dr., Goslar (s. 1885).
70. Thieler, Dr., Bürgermeister in Jena (1883/85).
71. Timme, Dr. Oberlehrer am Andreanum, Hildesheim (s. 1883).
72. Timmann, Oberlehrer am Andreanum, Hildesheim (s. 1886).
73. Triller, R., Realgymnasiallehrer, Crefeld (s. 1885).
74. v. Velten, Frl. A., Lehrerin an der städtischen Höheren Mädchenschule in Wesel (s. 1885).
75. Weber, Bankier, Gotha (1880/82).
76. Wirtz, Dr. in Ruhrort (s. 1886).
77. Wolkenhaar, Dr, in Celle (s. 1886).
78. Wolff, Dr. K., Celle (1884/85).
79. Wynecken, Dr., Pastor in Edesheim (1880/82).
80. Zorn, Dr., Gymnasial-Oberlehrer in Kattowitz (1883/85).

D. Ausserordentliche Mitglieder.

1. Braunholz, Stud. phil. (1880/83).
2. Breul, Dr. phil. (1880).
3. Crookes, Student (1880).
4. Ehrich, Stud. phil. (1883).
5. Guthe, Buchhändler (1880).

6. Hasselbrink, Buchhändler (1880).
7. Hecke, Lehrer (s. 1881).
8. Katzenstein, Cand. phil. (1880/81).
9. Lüdtke, Dr., Cand. phil. (1882).
10. Nicaise, Sprachlehrer (s. 1881).
11. Northrop, Lehrer in Boston (1883).
12. Pasteur, Stud. (1881).
13. Pütz, Ingenieur (1881).
14. Sauerhering, Kaufmann (1880).
15. Schmidt, Dr. K. (1880).
16. Schröter, Dr. Adalbert (1882).
17. Soltmann, Dr. (1883).

V.
Statistische Übersicht.

	Ehren-mitglieder		ordentliche Mitglieder		auswärtige Mitglieder		ausserord. Mitglieder		Summa	
1880	–	1	–	46	–	10	–	9		66
Abgang . . .	–	–	4	–	1	–	9	–	14	–
Anfang 1881 . .	–	1	–	42	–	9	–	–		52
Zugang . . .	2	–	6	–	6	–	4	–	18	–
Abgang . . .	–	–	4	–	5	–	–	–	9	–
Anfang 1882 . .	–	3	–	44	–	10	–	4		61
Zugang . . .	–	–	5	–	2	–	2	–	9	–
Abgang . . .	–	–	6	–	2	–	5	–	13	–
Anfang 1883 . .	–	3	–	43	–	10	–	1		57
Zugang . . .	–	–	4	–	15	–	4	–	23	–
Abgang . . .	–	–	6	–	6	–	3	–	15	–
Anfang 1884 . .	–	3	–	41	–	19	–	2		65
Zugang . . .	–	–	11	–	3	–	1	–	15	–
Abgang . . .	–	–	5	–	–	–	1	–	6	–
Anfang 1885 . .	–	3	–	47	–	22	–	2		74
Zugang . . .	–	–	8	–	24	–	–		32	–
Abgang . . .	–	–	9	–	4	–	–	–	13	–
Anfang 1886 . .	–	3	–	46	–	42	–	2		93

Hannover, im September 1886.

Dr. W. Kasten,
Schriftführer des Vereins f. n. Spr.

Die wissenschaftlichen Grundlagen des neusprachlichen Unterrichts.

Wie das Wesen der Bildung überhaupt auf der Verknüpfung von Einzelkenntnissen beruht, so ist der bildende Wert des fremdsprachlichen Unterrichts bedingt einesteils durch innigen Zusammenhang aller Zweige der sprachlichen und litterarischen Unterweisung sowohl unter sich als mit den Nachbardisziplinen der sprachlich-historischen Gruppe. andernteils durch festen Zusammenschluſs alles Gelernten durch ein methodisch durchgebildetes System von Übungen. Je mehr Verbindungswege von einem Gebiete zum andern führen, je inniger sie sich durchdringen und wechselseitig befruchten, um so reicher lohnt die auf den Unterricht verwandte Zeit und Mühe; denn jede Seite desselben hat ihren selbständigen Wert, und jede ist wertvoll als Stütze und Voraussetzung aller übrigen. So eng sind alle Wurzeln des Wissens und Könnens verflochten, daſs es eben so unmöglich ist, einen Sonderzweck des Unterrichts zu verfolgen, ohne allen andern gleichzeitig zu dienen, als umgekehrt ein berechtigtes Unterrichtsmittel auszuschlieſsen oder zu vernachlässigen. ohne den Wert und die Wirksamkeit aller übrigen empfindlich zu beeinträchtigen.

Wie steht es nun auf dem Gebiete des neusprachlichen Unterrichts um die geforderte Ordnung, Gliederung und Konzentration aller Belehrungen und Übungen? Trotz alles Guten, welches uns namentlich die letzten Jahre in jeder Hinsicht geschenkt haben, wird kein Fachmann behaupten, daſs wir Ursache hätten, mit Befriedigung die Hände in den

1

Schofs zu legen. Befremdlich kann dieser Umstand nicht erscheinen, wenn man bedenkt die verhältnismäfsige Jugend des Unterrichtszweiges, die Umgebung, in der er sich entwickelt hat, die Hindernisse, welche ihm noch immer Licht und Luft verengen, die Gefahren, welche ihn bedrohen. Die Forderungen des praktischen Lebens haben ihn hervorgerufen, der Wissenschaft verdankt er seine Berechtigung als Schulfach. Aber wie mangelhaft ist noch diese wissenschaftliche Grundlage in vielen Beziehungen! Blendend durch grofsartige Entdeckungen, aber den Aufgaben der Schule entfremdet, sucht die Wissenschaft des Tages gelehrte Kenner der älteren Sprachperioden heranzubilden, drängt so den künftigen Lehrer der lebenden Sprache in falsche Bahnen und raubt dem Unterricht viele seiner besten Kräfte. Ihr gegenüber steht die laute Menge, welche vom Unterricht vor allem praktische Verwendbarkeit seiner Resultate im banalen Sinne des Wortes fordert, welche den fertig sprechenden Kellner und den eben so ungebildeten Sprachmeister als Wunder anstaunt. Zwischen beiden Extremen sucht die Unterrichtspraxis auf den Traditionen des altsprachlichen Unterrichts schüchtern tastend ihren eigenen Weg, hier eine reife Frucht vom Baume der historischen Forschung brechend, dort dem Briefsteller oder dem Sprachführer für Reisende einen gesunden Gedanken entnehmend.

War es ein Wunder, wenn auf dem Gebiet des neusprachlichen Unterrichts bis in die jüngste Zeit grofse Zersplitterung der Kräfte herrschte? Hatten diejenigen so sehr Unrecht, welche ihn als ein Bildungsmittel zweiten Ranges betrachteten?

Gering war der Zusammenhang der Lektürestoffe sowohl unter sich, als mit dem Stoff der praktischen Übungen, als mit den Nachbarwissenschaften; unentwickelt die methodische Gliederung der Belehrungen und Übungen; mangelhaft die Übereinstimmung des Wissens und des Könnens. Wie es um den Betrieb der Lektüre in manchen Orten stand, lehren gewisse kommentierte Ausgaben. Gedichte wurden gelesen ohne metrisches Verständnis; regelrechtes Durchsprechen des Inhalts, Aufsuchen der Motive, der Quelle, der Abfassungszeit einer Dichtung waren etwas so Ungewöhnliches, daß noch jetzt die für diese Seite des Unterrichts nötigen Hilfsmittel teilweise fehlen. Traurig sah es mit dem Anschluß der Übungen an die Belehrungen aus; nur die Grammatik wurde regelrecht eingeübt, aber meist an isolierten Sätzen zerstreuenden oder nichtssagenden Inhalts. Die gestellten Aufsatzthemata standen ohne Verbindung mit der Lektüre. Vokabeln, Phrasen, Gallizismen, synonymische Belehrungen wurden diktiert und gelernt, ohne je Verwendung zu finden; dabei wimmelten Aufsatz und Übersetzung von stilistischen und lexikalischen Fehlern. Mit grammatischen Tüfteleien, den sogenannten „Feinheiten" der Syntax, wurden Schüler beschäftigt, die mit den Grobheiten der Sprache noch schwere Pein hatten. Als Ziel der Sprechübungen galt vielfach Konversation über die Plattheiten des Alltagslebens.

Was die Methode anbetrifft, so herrschten in der Grammatik statt Erklärung und Übung Auswendiglernen und Abfragen von Regeln; in Aufsatz und Übersetzung in die fremde Sprache stellte man den Schüler unvorbereitet vor die höchsten Forderungen.

Mit Stolz dürfen wir auf die Umwälzung blicken, welche die letzten Dezennien fast in allen Teilen des neusprachlichen Unterrichts bewirkt haben. Überall geht man den vorhandenen Übelständen auf den Grund, erforscht und verstopft ihre Quellen. Konzentration der Lektüre, Anschluß der Exercitien, Extemporalien, Sprechübungen und Aufsätze an dieselbe in Stoff und Form: Vorbereitung der schweren und verwickelten Übungen durch leichte und einfache: das sind die Forderungen, welche man nicht bloß aufstellt, sondern an deren Erfüllung mit allen Kräften gearbeitet wird.

Indessen fehlt noch viel, daß alle vorhandenen Schäden und Mängel richtig erkannt und gewürdigt wären. Die

Schwierigkeit, für die Wahl und Erklärung der Lektüre ein einheitliches Prinzip durchzuführen; die groben stilistischen und lexikalischen Germanismen, welche trotz aller Bemühungen des Lehrers die schriftlichen Arbeiten entstellen, deuten auf empfindliche Lücken in den wissenschaftlichen Grundlagen des Unterrichts.

Jede Lehrstunde bereichert den Wissensschatz des Schülers durch zahllose Einzelerfahrungen. Sollen dieselben nicht verloren gehen, so müssen sie sich um feste Kerne kristallisieren. Der Unterricht muſs aus dem isolierten Material das Verwandte aufsuchen und zu Systemen zusammenstellen. Je abgerundeter und ausgebildeter das System, um so fester schlieſst sich jede neu hinzukommende Erkenntnis an die früher erworbenen an: um so schneller erkennt man aus dem Platz, den das einzelne Sprachmittel in dem Organismus einnimmt, die Art und die Grenzen seiner Funktion: mit andern Worten, um so leichter ist das Behalten und die Anwendung des Gelernten. Solche aus einzelnen Erkenntnisstrahlen zusammengesetzte Lichtzentren sind Lautlehre, Metrik, Formenlehre, Syntax, Litteraturgeschichte.

Einige dieser Systeme sind auch im neusprachlichen Unterricht seit alter Zeit zu hoher Vollkommenheit entwickelt: eins der wichtigsten, die Lautlehre, ist kürzlich emporgeblüht: andere fristen ein kümmerliches Dasein; andere befinden sich im Zustand der Botanik von Linné; an andere hat kaum noch Jemand gedacht.

Die inhaltliche Erklärung der Litteraturwerke findet ihre Stützen in Geschichte, Geographie, Kulturgeschichte, Litteraturgeschichte. — Noch ungeschrieben ist eine den archäologischen Werken der Altphilologen entsprechende französische und englische Volkskunde: ein umfassendes Bild des fremden Volksgeistes, wie er sich darstellt im öffentlichen und privaten Leben, in Gesetz und Sitte, in Lebensweise und Institutionen. Anläufe zu einem solchen Unternehmen

5

sind das Supplement-Lexikon von Hoppe und die Notwörterbücher von Sachs T. III; im übrigen liegt das Material zerstreut in den Kommentaren der Schulautoren, sowie in zahllosen wissenschaftlichen und belletristischen Werken. Der Nutzen des geforderten Werkes für die Interpretation der Lektüre bedarf keines Hinweises: empfehlen würde sich eine doppelte Form: sowohl die systematische, welche direkt den Zwecken des Unterrichts dient, als die alphabetische zum bequemen Nachschlagen. Eine kurze Darlegung der Hauptthatsachen mufs das Lesebuch des Schülers enthalten, wenn sich ihm die aus der Lektüre gewonnenen Einzelheiten zum einheitlicher Kulturbild zusammenschliefsen sollen.

Dafs, wie die Litteratur, auch das Wortmaterial der Sprache ein Spiegel der Kultur und Geschichte des Volkes sei, ist mehr als einmal ausgesprochen worden. Alle Epochen der Menschheit haben ihre Spuren darin hinterlassen; die verschiedensten Völker haben ihren Beitrag dazu gesteuert; alle Charaktereigenschaften eines Volkes, seine Tugenden und seine Laster, finden sich wieder in den Worten und Wendungen seiner Sprache; alle Zweige menschlicher Thätigkeit: Krieg und Spiel, Handel und Gewerbe, Recht und Religion sind darin nach dem Mafse ihrer Bedeutung für die Kultur des betreffenden Volkes vertreten. Wir besitzen Darstellungen der Sprachgeschichte, aber den verdienstlichen Versuch, den Wortschatz der lebenden Sprache auf seinen Kulturgehalt zu untersuchen, die Wirkung der darin offenbarten Kultureinflüsse zu sondern und im Zusammenhang zu entwickeln, hat noch niemand ernstlich unternommen. Den Plan einer solchen Darstellung zeichnet Willmann in einem Aufsatz über das philologische Element der Bildung, Zeitschrift für das Gymnasialwesen, Jahrgang XXXX, Februar und März 1886; reiches Material dazu liegt zur Hand in den sicheren Resultaten der etymologischen Forschung und läfst sich durch Beobachtung der Synonymen, der Tropen und der Phraseologie leicht vermehren.

Neben den bisher besprochenen sprachlich-historischen Disziplinen stehen die rein sprachlichen: Lautlehre, Formenlehre, Syntax, Metrik, Synonymik, Stilistik, Phraseologie. Für die letzteren ist der Wert einer wissenschaftlichen Ordnung noch höher, da sie nicht nur der Ansammlung von Kenntnissen dienen, sondern zugleich die Voraussetzung des praktischen Könnens bilden. Denn warum — um gleich die empfindlichste Lücke zu berühren — sind die erzielten Leistungen so erfreulich in einigen dieser Wissenszweige (Formenlehre und Teile der Syntax) und in andern (Stilistik und Synonymik) so verbesserungsbedürftig? Warum anders, als weil auf diesen letzteren Gebieten Einzelkenntnisse nur gelegentlich erworben wurden, ihre Ordnung und Zusammenfassung aber dem Zufall überlassen blieb, auch die Korrektur der in den Exerzitien, Extemporalien und Aufsätzen zu Tage tretenden Fehler nicht an ein System anknüpfen konnte — da eben ein solches noch gar nicht vorhanden ist. Nehmen wir beispielsweise an, ein Lehrer lasse die unregelmäfsigen Verba der französischen Sprache auf diesem Wege erlernen, korrigiere jeden einzelnen Fehler ohne Hinweis auf die verwandten Formen, stelle endlich eine Aufgabe über das so Gelehrte und gebe dem Schüler eine vollständige Aufzählung der Formen in lexikalischer Ordnung in die Hand. — Gebraucht er dieselbe, so wird er nach langem Suchen das Richtige finden, aber durch Knechtsarbeit und ohne Nutzen für seine Bildung; verläfst er sich auf sein Sprachgefühl, so wird die Arbeit von Fehlern starren. — Nur der Einblick in das System der Formen befähigt den Schüler, die gewünschte Form schnell und sicher zu finden. Wollen wir ihm denselben Vorteil für die Gesamtheit der sprachlichen Ausdrucksmittel sichern, so gilt es, ein übersichtliches Bild derselben nach ihrer natürlichen Ordnung zu entwerfen: mit andern Worten, wir müssen es wagen, die Aufstellung einer wissenschaftlichen Stilistik, in welcher auch die Synonymik ihre Stelle finden wird, zu versuchen.

Eine ähnliche Aufgabe ist kürzlich mit Glück und Glanz gelöst durch die Schöpfung der wissenschaftlichen Lautlehre. Früher ging man von den Lautzeichen aus und suchte von da aus das Verhältnis der Laute zu denselben zu bestimmen; so konnte kein zusammenhängendes Bild, kein System der Sprachlaute entstehen. Indem man sich die Erforschung der Laute selbst zur Aufgabe machte, entdeckte man zugleich ihre innere Verwandtschaft und natürliche Ordnung. Unsere Grammatik ähnelt noch sehr der alten Aussprachelehre. Sie klebt am Wortkörper statt am Wortsinn, ordnet die Erscheinungen nach den Mitteln statt nach den Zwecken, trifft ihre Einteilungen nach dem Zeichen statt nach der Sache. Drei Wege kann man einschlagen, um Übersicht über die Fülle der Ausdrucksmittel einer fremden Sprache zu gewinnen. Entweder man gruppiert sie nach der äufsern Sprachform des fremden Idioms — oder nach der äufseren Bildungsform der Muttersprache — oder man nimmt zum Einteilungsgrund die innere Sprachform: die Ordnung, in welcher die Vorstellungen und ihre Verknüpfungsweisen sich im Geiste berühren. Die Ordnung nach dem ersten und zweiten Prinzip sind die bis jetzt versuchten, sie führen blofs zu katalogartigen Aufzählungen, nicht zu innerlich gegliederten Systemen.

Für verwandte Vorstellungen hat die Sprache entweder nur ein Zeichen (*bureau* Schreibtisch und *bureau* Schreibstube) oder zwei formverwandte (*mère* und *commère, mère* und *marraine, mère* und *marâtre, mère* und *belle-mère, le vapeur* und *la vapeur*) oder zwei unverwandte (*le taureau* und *la vache, le père* und *le fils*). Diese Verschiedenheit der äufseren Form hat die Einordnung der einzelnen Fälle in Gramatik und Lexikon bestimmt. Nach dem ersten der oben besprochenen zwei Einteilungsgründe finden sich die Zeichen für verwandte Vorstellungen zusammengestellt teils in den Artikeln der fremdsprachlich-deutschen Wörterbücher, teils in der Wortbildungslehre, teils in der Formenlehre; nach dem zweiten in den deutsch-fremdsprachlichen Wörterbüchern. Ein Fragment einer französi-

schen Stilistik nach dem zweiten Prinzip, verfafst von
E. Franke, enthält das Programm des städtischen Gymnasiums von Beuthen O-S., Ostern 1884. Nr. 155.

Beide Wege führen in Labyrinthe, in denen sich niemand
ohne die Leuchte des dritten Prinzips zurechtfindet. Ratlos
steht der Schüler vor den seitenlangen Artikeln des Lexikons,
deren Ordnung ihm ein Rätsel bleibt: mit Verachtung straft
er die in seiner Grammatik abgedruckte Darstellung der
Wortbildungslehre, deren Ordnung ihm zur Orientierung in
der That geringen Anhalt bietet. Wenn die Grammatik
z. B. auch alle Bedeutungen des Suffixes *age* angiebt, wer
kann sie merken? wer mit Hilfe derselben den Sinn eines
in der Lektüre begegnenden Wortes dieser Bildungsform bestimmen? wem wird bei dieser Anordnung das richtige Mittel
einfallen, sobald er beim Sprechen oder Schreiben nach dem
Ausdruck für eine bestimmte Bedeutungsform (Stoffname,
Sammelname, Abstraktum der Handlung oder dergl.) sucht,
da für jede derselben zahllose Bildungsweisen in Konkurrenz
stehen?

Besser als um die Wortkunde steht es um die Satzlehre.
Da, wo äufsere und innere Bildungsform sich decken, was
hier vielfach der Fall ist, ist auch das wahre System schon
gewonnen; da, wo sie auseinander gehen, herrscht auch in
der Syntax Anordnung der Sprachmittel nach der etymologischen Form statt nach der aktuellen Funktion, mithin
derselbe Mangel als in der Wortlehre. Wem sind z. B. die
mannigfaltigen Bedeutungen der Präposition *de,* wie sie viele
Grammatiken aufzählen, wirklich zugleich gegenwärtig? und
wem hat diese Kenntnis beim Übersetzen oder beim freien
Gebrauch der Sprache schon viel geholfen?

Der Fehler des herrschenden Verfahrens ist, dafs es
zwar richtig mit der Analysis der Erscheinungen beginnt,
aber nicht bis zur synthetischen Gliederung vordringt. Man
erkennt hinter der äufseren Sprachform die zu Grunde liegenden
logischen Kategorien: Art und Gattung, Teil und Ganzes,

Subjekt, Objekt, Mittel, Produkt, Ort, Zeit einer Handlung etc., aber man versäumt es, den Stoff dann auch in der Ordnung dieses Systems vorzuführen. Dafs das Suffix *age* einen Stoff *(fromage, potage)*, ein Kollektiv *(branchage)*, ein Verhältnis *(voisinage, exlavage)*, eine Handlung *(ramage, carnage)*, eine Eigenschaft *(courage)*, einen Ort *(passage)*, eine Zeit *(apprentissage* Lehrzeit) etc. bedeuten kann, ist zufällig und unwesentlich; dagegen giebt beispielsweise die Erkenntnis, dafs derselbe Bildungsprozefs vorliegt in der Ableitung von:

1) *le tambour* der Trommler aus *le tambour* die Trommel,
2) *le trompette* aus *la trompette, un enseigne* aus *une enseigne*,
3) *le dentiste, le libraire, le grammairien, le fruitier* aus *la dent etc.*,
4) *le porte-drapeau, le garde-magasin* aus *le drapeau etc.*,
5) *le marchand de pommes, un arracheur de dents, un fabricant de chapeaux* aus *la pomme etc.*;

diese Erkenntnis giebt Einblick in die Verwandtschaft sowohl der Formen als der Bedeutungen.

Wie die obigen Beispiele zeigen, handelt es sich durchaus nicht um die Entdeckung neuer Beziehungen der Begriffe. Die Kategorien, aus denen das angestrebte System sich zusammensetzt, sind bekannt aus Logik und Grammatik. Es sind dieselben, welche den Tropen zu Grunde liegen; denn der Bedeutungsreichtum der Wörter ist entwickelt durch Tropen; Metapher *(coin* Keil und Ecke, *ruche* Bienenkorb und Krause, *prunelle* Schlehe und Augapfel) Synekdoche *(portail* Kirchthür und Kirchenfront; *canon* Kanone und Artillerie; *Bade* Stadt und Land) Metonymie *(gouvernement* Handlung und Subjekt, *embarcation* Handlung und Mittel, *livraison* Handlung und Produkt, *résolution* Handlung und Eigenschaft, *pays* Ort und Bewohner, *hôte* Subjekt und Objekt einer Handlung). Dieselben Verwandtschaftsverhältnisse verknüpfen die durch Präfixe, Suffixe, Wechsel des Geschlechts oder Zusammensetzung voneinander abgeleiteten Wörter. Sie sind in allen Sprachen dieselben, ebenso die Bezeichnungsarten; nur kommen die letzteren in den einzelnen Sprachen an verschiedenem Material zur Verwendung. — Nach derselben Ordnung leitet jede Dispositions- und Aufsatzlehre zur Auffindung und Gruppierung des Stoffes an *(divisio* und *partitio; quis, quid, ubi, quibus auxiliis, cur, quomodo, quando?)*. Dasselbe System, nur lückenhaft und unvollkommen entwickelt, läfst sich erkennen in den systematischen Vokabularien, welche ihm ihren relativen formalbildenden Wert verdanken. Am klarsten ist es bis jetzt dargestellt in den Lehrbüchern der lateinischen Stilistik.

Wie die Entdeckungen der Phonetik ebenso sehr dem wissenschaftlichen Verständnis als der praktischen Anwendung der Sprache zu statten kommen, so bietet auch die systematische Stilistik beide Vorteile. Dem Präparieren. i. e. dem Eindringen in das Verständnis der fremden Texte leistet sie einen wichtigen Dienst, indem sie durch Übersicht über die virtuellen Bedeutungen rasche Orientierung ermöglicht und zugleich mechanische Arbeit durch geistige ersetzt. — Sie erschliefst ein höheres Verständnis der Grammatik, indem sie die funktionelle Verwandtschaft der Ausdrucksmittel, ihre Konkurrenz, ihren Kampf ums Dasein, ihr gegenseitiges Verdrängen begreiflich macht. Die historische Grammatik, welche die Entwickelung der Ausdrucksformen aus ihrem Material beobachtet, reicht ebensowenig zur vollständigen Erklärung ihres Wesens aus, als die Kenntnis der Beschaffenheit des Holzes und Eisens uns über die Form der Säge oder des Meifsels Aufschlufs giebt. Sprachen sind nicht Naturprodukte, sondern Instrumente: die Sprachmittel sprossen nicht spontan auseinander, sondern werden unter dem Druck des stilistischen Bedürfnisses geformt aus irgend welchem tauglichen Material, darum auch aus verschiedenem in verschiedenen Sprachen, ja in verschiedenen Perioden einer Sprache.

Augenfällig ist die Bedeutung der Stilistik für die praktischen Sprachübungen, und zwar ebenso für die Kunst, die noch ungeformten Gedanken in das Gewand einer fremden Sprache zu kleiden, als für die Umgiefsung des Inhalts aus einer Form in die andere; denn dieselbe innere Verwandtschaft leitet den schaffenden Schriftsteller und den nachschaffenden Übersetzer in der Wahl der Mittel. Ist mir die stilistische Verwandtschaft von *éteindre, faire périr, faire souvenir qn de qc, rappeler qc à qn, rendre qn heureux* mit *s'éteindre, périr, se souvenir de qc, se rappeler qc, devenir heureux* (Kausativ und Simplex) geläufig, so werde ich auch nicht um Übersetzungen verlegen sein. weder für *faire périr qn, faire perdre qc à qn, faire surmonter un obstacle à qn.* noch für umbringen. j. um etwas bringen. j. über eine Schwierigkeit hinweghelfen. — Beim Übersetzen aus der fremden Sprache in die eigene ist letztere stets in Gefahr. Schaden zu leiden. Wer aber gewohnt ist. *faire la conquête de qc, faire l'éloge de qc* mit *conquérir qc, louer qc* zusammenzustellen, wird auch geschickt zu wechseln verstehen zwischen „versuchen" und „in Versuchung führen"; „anwenden" und: „in Anwendung bringen"; er wird auch nicht *faire l'acquisition de qc* mit „die Erwerbung von etwas machen" übersetzen, wie ein bekanntes Übungsbuch.

Von noch gröfserer Wichtigkeit ist die Anordnung der Sprachmittel nach der Funktionsverwandtschaft für das Übersetzen aus der eigenen Sprache in die fremde. Die Aufzählung aller deutschen Bedeutungen von *de, par, avec,* — aller französischen von „mit, durch, von" — befähigt mich nicht so gut, im bestimmten Fall die gegebene deutsche Präposition richtig zu übertragen, als die folgende Übersicht.

Das Mittel einer Handlung kann sein

A. eine Handlung: .

    a. eine absolutzeitige: *de* und das absolutzeitige Abstraktum *(tuer qn d'un coup d'épée)*;

    b. eine relativzeitige,

aa. von unbestimmt gelassenem Subjekt: *par* und
das relativzeitige Abstraktum *(par la destruction
de . . .)*:

bb. von gleichem Subjekt mit dem Hauptverb:
Gérondif *(en détruisant . . . .)*:

B. ein Ding:

a. weder Teil des Subjekts noch des Objekts. Instrument:
avec;

b. Teil des Subjekts: *de (cligner des yeux)*;

c. Teil des Objekts: indirektes Objekt bei Verben des
Begabens *(couvrir, orner, douer de qc)*:

C. eine Person etc.

Ein fernerer Vorteil der wissenschaftlichen Stilistik ist,
dafs sie Einheit und Zusammenhang zwischen getrennten
und wenig geordneten Gebieten herstellt, indem sie die
Lehre von den Synonymen und Antonymen. Wortbildungslehre, Formenlehre, Syntax und einen Teil der Phraseologie um einen gemeinsamen Mittelpunkt sammelt. — Nicht
würde sie umfassen die phraseologischen und onomatischen
Gallizismen: diese finden ihre Stütze an der Rhetorik,
welche im neusprachlichen Unterricht bisher leider ganz
vernachlässigt wurde.

Endlich enthält die systematisch entwickelte Stilistik
die Normen für die Anordnung der künftigen systematischen
Vokabulare und Phraseologien, und kann hierdurch dazu
beitragen, die praktischen Übungen zu dem zu machen, was
sie längst sein sollten: die Krone und der Stolz des ganzen
Unterrichtszweiges.

Immer mächtigere Ausdehnung gewinnt der auf dem
Felde des neusprachlichen Unterrichts eingetretene Um-
schwung. Einschneidende Reformen haben sich Bahn ge-
brochen und werden andere mit Notwendigkeit nach sich
ziehen. Günstig ist die Konjunktur der äufseren Verhältnisse. Auf dem Lehrermarkt herrscht überreiches Angebot
tüchtiger Kräfte. Die alten Lateinschulen fangen an, die

eigentümlichen Vorzüge des neusprachlichen Unterrichts zu
erkennen und ihm neben dem altsprachlichen eine würdigere
Stellung als dessen willkommene Ergänzung einzuräumen.
Die Anstalten, an welchen der Unterricht im Französischen
und Englischen von jeher eine hervorragende Stelle ein-
genommen hat, erwarten eine Erweiterung ihrer Berechti-
gungen und damit Besserung aller Unterrichtsbedingungen.
— Die jüngsten Lehrpläne und Verfügungen beweisen, dafs
die hohen Schulbehörden diesem Lehrzweig eine erhöhte
Aufmerksamkeit zu schenken beginnen; es kann auf die
Dauer nicht ausbleiben, dafs Männer, welche durch ein-
gehende Kenntnis desselben befähigt sind, wirksame Kontrolle
zu üben und fruchtbare Impulse zu geben, in einflufsreiche
Stellungen gelangen. — Auch die Gelehrtenwelt kann unmöglich noch lange bei einseitiger Bevorzugung der älteren
Sprachperioden beharren. Dem glänzenden Beispiel der
Phonetik werden andere Zweigwissenschaften folgen. Die
Universität wird sich gewöhnen, in der Erforschung der
lebenden Sprachen eine weder undankbare noch der Wissenschaft unwürdige Aufgabe zu sehen, und sie wird künftig
nicht schlechtere Gelehrte, aber bessere Lehrer ausbilden.
Der Segen, den sie ausstreut, und die Verehrung, welche
sie geniefst, werden um so gröfser sein, je mehr die Über-
zeugung durchdringen wird, dafs die neueren Sprachen
Indien sind, deren Kulturschätze allerdings teilweise noch
der Erschliefsung harren, die aber von Tage zu Tage fähiger
und würdiger werden, im Unterrichtswesen der Zukunft einen
hervorragenden Platz einzunehmen.

K. Mühlefeld.

Die Eklogen des Alexander Barclay.

In dem Widmungsschreiben, welches der unbekannte erste Herausgeber und Erklärer von Spensers Shepheards Calendar. E. K.. im Jahre 1579 an Gabriel Harvey richtet, legt er sich die Frage vor, was den Dichter bewogen haben mag, seine Gedanken in die Form von Eklogen zu kleiden und nicht in irgend ein anderes poetisches Gewand, und giebt an, Spenser habe beabsichtigt *to furnish our tongue with this Kinde, wherein it faulteth.**) Nun hat es aber bereits vor 1579 in England Eklogen gegeben. Ein gewisser Barnaby Googe veröffentlichte 16 Jahre vorher unter anderen Stücken acht Eklogen**), und Alexander Barclay hatte schon um das Jahr 1514 fünf Eklogen verfaßt, die auch 1570 wieder als Anhang zu seiner *Stultifera Navis* von Wynkyn de Worde gedruckt wurden.***)

Wenn nun der gelehrte E. K. diese Dichtungen nicht kennt oder sie wenigstens dem ebenso gelehrten Harvey und dem Publikum gegenüber mit Stillschweigen übergehen darf, so ist das ein Zeichen dafür, daß jene älteren Versuche, die Ekloge in England einzuführen, als gescheitert anzusehen sind. Dazu kommt, daß Spenser, wie ich in der Anglia Bd. IX S. 205 gezeigt habe, keinerlei Beeinflussung seitens Barclay verrät, während sich sonst die Spuren seiner reichen Belesenheit in der bukolischen Litteratur deutlich nachweisen lassen.

*) Spenser. Aldine Ed. Bd. IV. S. 225.
**) Warton. IV S. 324 f.
***) Fairhold (s. u.) S. VII.

Gleichwohl verdient aber auch der erste, wenn auch nicht erfolgreiche Versuch, eine Dichtungsart neu in die Nationallitteratur einzuführen, immerhin Beachtung in der Litteraturgeschichte. Es ist dies der Grund, weshalb ich die Eklogen Alexander Barclays einer näheren Betrachtung zu unterziehen versuche. Zugänglich ist mir leider nur die Veröffentlichung der *Percy Society* in der Sammlung *Early English Poetry, Ballads, and Popular Literature of the Middle Ages.* Bd. XXII (1847) enthält u. a. *The Cytezen and Uplondishman: an Eclogue by Alexander Barclay, Printed from the Original Edition by Wynkyn de Worde, Edited, with an Introductory Notice of Barclay and his other Eclogues by F. W. Fairholt, F. S. A.* Glücklicherweise enthält die 74 Seiten lange Einleitung eine so genaue Inhaltsangabe der vier übrigen Eklogen und so umfangreiche Proben, dafs wir für unsere Zwecke genügenden Aufschlufs finden.

Die Ansicht, dafs Barclays Eklogen die ersten in englischer Sprache geschriebenen gewesen, ist, soweit mir bekannt, durch keine neuen litterarischen Entdeckungen widerlegt. Von seinen fünf Eklogen aber scheint die letzte, die vom Städter und vom Landmann, am frühesten entstanden und somit die erste englische Ekloge zu sein. Denn in keiner anderen zeigt Barclay einen so engen Anschlufs an seine Vorlage.

Diese haben wir zu sehen in der sechsten Ekloge des Karmelitermönches Mantuanus*) *De civium et rusticorum disceptatione, inscripta Cornix.* Der Inhalt derselben ist folgender. Zur Winterzeit liegen die Hirten Cornix und Fulica miteinander im Heu. Die rauhe Jahreszeit führt Fulica zu der Betrachtung, dafs sie, die Hirten, recht thöricht und

---

*) Citiert nach der Baseler Sammlung von 1546 Bucolicorum auctores XXXVIII .... farrago eclogarum CLVI ... ex officina Joannis Oporini. Daneben benutzt Bapt. Mantuani Carmel. Theol. Adolescentia s Bucolica brevibus Jodoci Badii commentaris ill. Helmstadii 1681.

unvorsichtig seien, sich nicht auf den Winter vorzubereiten.
Viel klüger seien hierin die Städter. Das bestreitet Cornix;
die Städter seien noch thörichter, doch seien sie mehr vom
Glücke begünstigt. „Nicht vom Glücke, sondern vom Gott,“
erwidert Fulica. „Denn er hat den Unterschied der Stände
gewollt.“ Dabei beruft er sich auf den Bericht eines gewissen
Amyntas und giebt, nachdem er auf Cornix' Wunsch nach
dem Vieh gesehen, den Inhalt jener Mitteilungen wieder.
Als Gott Mann und Weib geschaffen, befiehlt er ihnen, sich
zu vermehren.

Atque modum docuit, fieri quo pignora possent.

Jedes Jahr gebiert nun das Weib ein Knäblein und ein Mägd-
lein. Einst, als Adam auf dem Felde ist, besucht der Herrgott
Eva und verlangt, ihre Kinder zu sehen. Beschämt wegen
ihres reichen Segens verbirgt Eva einen Teil ihrer Spröfs-
linge im Heu. Die anderen führt sie vor. Gott segnet die
Kinder: dem einen verleiht er das Königszepter, dem anderen
das Kriegerschwert, anderen andere Gaben. Erfreut darüber
holt Eva nun die übrigen aus ihrem Versteck hervor. Jedoch
das unerfreuliche staubige Äufsere derselben veranlafst Gott,
sie zur Feldarbeit und zu jedem niedrigen Werke zu ver-
dammen. — Cornix bezweifelt die Wahrheit der Geschichte.
Amyntas als Städter hätte sie den Landleuten zum Spotte
erfunden. Und nun läfst er eine lange nur selten durch
Fulicas Bemerkungen unterbrochene Schilderung der Laster
und Thorheiten der Städter folgen.

Die ganze Gedankenfolge findet man bei Barclay. Nur
hat er seine Dichtung noch etwas erweitert, und zwar unter
Benutzung von Mantuans siebenter Ekloge *De conversione
juvenum ad religionem, cum jam auctor ad religionem adspiraret,
inscripta Pollux*. In dieser erzählt ein Hirt von einem Gesichte,
das sein Freund gehabt hat. Um zu beweisen, wie ein ein-
facher Hirt einer solchen Gnade gewürdigt werden könne,
wird nun die Geschichte des Hirtenstandes erzählt und alle
hervorragenden Vertreter desselben von Abel an erwähnt.

In diesem und seinem Bruder Kain wird der Gegensatz des sanften, gottgeliebten Schäfers und des rohen Ackermannes gezeigt.

Diese Geschichte legt nun Barclay demjenigen seiner Hirten in den Mund, welcher die Landleute den Städtern gegenüber verteidigt, bevor er die Laster der letzteren schildert. Der englische Dichter behält aber unpassenderweise auch die Verse bei, die den Bauern als roh hinstellen, während doch seine Verteidigung alle Arten Landleute umfassen sollte.

u. s. f.
But the fyrste plowman and tyller of the grounde
Was rude and stordy, dysdaynynge to be bounde —

Die Worte, welche in Mantuans sechster Ekloge Fulica spricht, sind von Barclay im allgemeinen einem Hirten namens Amyntas in den Mund gelegt, während ein gewisser Faustus die Rolle des Cornix übernommen hat. Von diesem Plane ist aber Barclay gelegentlich abgewichen. Am Anfang (S. 3 bis 7 Z. 4 und S. 8 Z. 7 bis S. 9 Z. 21) sind die Rollen zweimal vertauscht. Die erste der betreffenden Stellen enthält die allgemeinen einleitenden Betrachtungen über die Jahreszeit, den Leichtsinn der Menschen, das Glück u. s. w., die zweite die Episode, dafs einer der Hirten hinausgeht, um das Vieh zu besorgen. Die Vertauschung konnte wegen der Farblosigkeit des Inhalts wohl vorgenommen werden. Doch hätten einzelne Verse, die auf den entgegengesetzten Standpunkt der beiden Schäfer anspielen, unterdrückt werden müssen. Es pafst nicht, dafs Faustus, der Lobredner des Landlebens, sagt:

Now truely, Amyntas, I tell the, my mate,
That towne dwellers lyve gretely more fortunate,
And somewhat wyser be they also than we.

und dafs Amyntas erwidert:

More foly vexeth the man of the cyte,
I graunte us oversene, they madder be than we.

Abgesehen von dieser Umstellung und dem erwähnten Zusatz folgt Barclay seiner Vorlage so genau, dafs stets Rede und Gegenrede entsprechenden Stücken der Vorlage sich anschliefsen. Übersetzungen aus dem Lateinischen, von denen ein Teil vor den Eklogen verfafst wurde*), haben ihm eine gewisse Gewandtheit verschafft, sich seinem Original anzupassen. Er versteht es, die echt lateinischen Wendungen und Sätze durch echt englische wiederzugeben, scheut sich jedoch nicht davor, durch Zusätze und Umschreibungen die behagliche Breite der Darstellung herbeizuführen, welche der englischen Schreibweise und zumal seinem Geschmack zusagt. Man wird das aus folgender Probe ersehen können.

Amyntas: Ningit hyems.
Cornix: The wynter snowes, all covered is the grounde,

  mugit   boreas
 The northe wynde blowys all with a fereful sounde,

   a culmine pendet | stiria;
3 The longe yse sycles at the hewsys honge,
 The streames frosen, the nyght is colde and longe;
 Where botes rowed now cartes have passage,

     depositis bobus
6 From yoke the oxen be lowsed and bondage;

   requiescit arator | **)
 The ploweman resteth avoyde of all busynesse,
 Save whan he tendeth his harnes for to dresse;

     sedet ante focum
9 Mably his wyfe sytteth byfore the fyre,

   fumosa Neaera |
 All blacke and smoke, clothed in rude atyre;

   atque polenta coquit. |
 Sethynge some grewell, and sterynge the pulment
12 Of peese or frument, a noble meete for lent.

*) Fairholt S. V.

**) Der lateinische Text fährt fort: dormit humus, clauso pastor tunicatus
ovili | cessat iners;

Prius intolerabilis aestas | nunc laudatur:
The somer season men counteth now laudable
Whose fervour before they thought intollerable:

hyems
15 The frosty wynter and weder temperate

aestu landata molesto | displicet:
Which men than praysed. they now dyspryse and hate;

optatum   dampnat praesentia frigus. |
Colde they desyred. but now it is present
18 They braule and grutche, theyr myndes not content.
Thus mutable men them pleased can not holde.
At grete hete grutchyng, and grutchyng whan it is colde.

Fulica: Omne bonum praesens   minus est.
Faustus: All pleasure present of men is counted small,
22 Desyre abtained, some counteth nought at all.

Sperata   videntur | magna
What men hope after that semeth grete and dere,

velut maius reddit distantia lumen.
24 As lyght by dystaunce apereth grete and clere.

Die Zusätze und Abweichungen dienen zum Teil dem ver-
stärkten moralisch-satirischen Interesse des Nachdichters.*)
Zum Teil sollen sie aber auch das Gedicht mehr den
englischen Verhältnissen anpassen. Aus Rücksicht auf
englische Leser vertauscht er den Namen Neaera mit Mably.
übersetzt er *tria lustra* mit *fyftene yere* (S. 10), *repetivit Olympum*
— von Gott gesagt — mit *ascended up to the fyrmament* (S. 15).
Deshalb wird auf S. 9 anstatt einer Pyramide der Kirch-
turm, auf S. 6 statt des Luchses der Fuchs erwähnt. So
läfst er dem Nordwind nicht aus Skythien herwehen S. 5).
Apollo nicht Amphrysische Gefilde durchwandeln (S. 18),
spricht nicht von *Superi*. sondern von *God Almyghty* (S. 16).
So bringt er das englische Fufsball-Spiel in die Ekloge
hinein (S. 5) und läfst Gott Evas Söhnen englische Würden

—————————

*) S. hier V. 19 f., S. 5 V. 7 ff., S. 6 V. 7 ff.

2*

und englische Adelstitel verleihen. Auf heimatliche Vorstellungen hat er das folgende Gleichnis vortrefflich übertragen:

Non habitant colubri quaedam Balearibus arva
Proxima, non memini nomen: neque noctua Cretam,
Nec nemus Aegeriae sonipes, nec vir bonus urbem:

Er schreibt nämlich:

As many todes as bredeth in Irelonde,
As many grypes as bredeth in Englonde,
As many cockowes as synge in January,
And nyghtyngales as synge in February,
And as many whalys as swymmeth in the fen,
So many ben there in cytes of good men!

Andere Abweichungen dienen dem Zwecke, Mantuan in realistischer Schreibweise zu übertreffen. So sehr nämlich Mantuan das Derbe liebt, so sehr vermifst man bei ihm Realität in der Charakterzeichnung. Auch bei Cornix und Fulica finden wir wenig charakteristische Momente. Fulica scheint der Jüngere. Denn sein Genosse giebt ihm den Auftrag, nach dem Vieh zu sehen. Seine günstige Meinung über die Stadt beruht auf Unerfahrenheit. Daher auch seine naiven Zwischenbemerkungen. Wo er sich einmal zu eigner Meinung aufschwingt, beruft er sich auf fremden Bericht und mufs sich den Vorwurf gefallen lassen, denselben als schlechten Scherz nicht erkannt zu haben.

Barclay schickt, um seine Personen besser charakterisieren zu können, einen Prolog voraus. Wie wir da erfahren, ist Amyntas, der Fürsprecher der Stadt, kein unerfahrenes Bürschchen, sondern ein Mann, der in London ein recht flottes Leben geführt hat, dem keine Schenke unbekannt, keine schmucke Dirne fremd gewesen ist.

Fyrste was he hosteler, and than a wafrer,
Than a costermonger, and last a taverner.

Verarmt hat er die Stadt verlassen. Aber den ehemaligen Städter verrät er noch in seinem Äufseren:

Amyntas was formalle, and propre of his gere,
A man on his cloke shoulde not aspyed a here.
Nor of his clothynge a wrynele stode a wrye,
In London he learned to go so manerly.

Im Gegensatz hierzu wird Faustus als Landmann mit
Leib und Seele genau geschildert. Aber auch er kennt die
Stadt, wie Mantuans Cornix von Marktgängen her.
Während der Charakter des Faustus abgesehen von der
oben erwähnten Verwechselung im allgemeinen richtig durchgeführt ist, enthalten die Reden des Amyntas viele Wider-
sprüche. Ein Mann, der wie er gelebt hat, würde nicht so
philosophisch moralisierende Reden führen (S. 7 f.), würde
seine günstige Meinung über die Stadt nicht auf eine solche
Legende stützen, sich nicht so leicht von der Unhaltbarkeit
seiner Ansicht überzeugen zu lassen (S. 20) und nicht so
naive Bemerkungen in die Schilderung des Stadtlebens ein-
fliefsen lassen, ja dieses selbst viel besser kennen. Der
Versuch des Dichters, diese letzte Ungereimtheit zu be-
schönigen, ist verfehlt. Nämlich auf die Worte des Amyntas:

Of some of these thynges yet am I ygnoraunt,

erwidert Faustus:

Thou coude not perceyve well theyr enormyte,
Parchaunce thy maners dyde with theyr lyfe agre.

Auch über den Cornix, auf welchen sich Amyntas bei
seiner Erzählung beruft, finden sich verschiedene charakteristische Angaben, während wir über die Person des Mantuanischen Amyntas, dessen Rolle jener vertritt, nichts erfahren.*) Aber auch bei Cornyx stimmen nicht alle Züge
überein.

Wenn so Barclays Bemühungen auf dem Gebiete der
Charakteristik wenig erfolgreiche waren, so gelingt es ihm
doch sonst häufig, realistische Züge einzustreuen. Die näheren
Umstände, unter denen die Hirten zusammentreffen, sind an-

---

*) S. 8 Z. 1—11. S. 9 Z. 2 v. u. — S. 10 Z. 2. S. 15 Z. 11 ff.

schaulicher geschildert als in der Vorlage. Und ebenso zeichnet sich die Scene, in welcher Faustus das Vieh besorgen mufs, durch weit gröfsere Lebendigkeit aus. Ein glücklicher Zug ist es zu nennen, wenn die Landleute sich wiederholt auf ihre Pfarrer Syr Peter (S. 19). Syr Sampson (S. 19. 31) berufen. Doch hat Barclay auch die Berufung auf gänzlich unbekannte Personen nach Mantuans Vorgang beibehalten*) und einmal überflüssiger Weise eingeführt.**)

Höchst originell ist die Schilderung der Eva inmitten ihrer Kinder: die richtige englische Bauernfamilie!

> Thus whyle that Adam was pytchynge of the folde.
> Eve was at home, and sate on the thressholde.
> With all her babys and children her about,
> Other on her lappe within, or elles without.
> Now had she plesure them collynge and bassynge,
> And efte was the busy, them lowsynge and kemynge. !)
> And busy with butter for to anoynt theyr necke,
> Sometyme she musyd them pleasauntly to decke.

Kräftige Originalität wird man auch manchen Bildern Barclays nicht absprechen, z. B. wenn er den Ehebrecher mit dem Kuckuck vergleicht, oder wenn er Gott die folgenden Worte in den Mund legt:

> None can a pytcher tourne to a sylver pece,
> Nor make goodly sylke of a gotes flece;
> And harde is also to make withouten fayle,
> A bryght two hande swerde of a cowe's tayle!
> No more wyll I make, howbeit that I can,
> Of a vyle vilaine a noble gentlyman!

Vorzüglich zeigt sich Barclays Eigenart in der satirischen Schilderung des Stadtlebens. Obgleich er sich kaum einen Zug entgehen läfst, den er in seiner Quelle vorfindet, und obgleich er auch die Anordnung der Teile unverändert übernimmt, wird kein unbefangener Leser eine Nachahmung vermuten. Mit dem Erborgten ist auch Selbstgeschaffenes

---

*) Candydus S. 16 = Umber, Mant VII.
**) Codrus S. 35.

geschickt verschmolzen, so die Erwähnung des Apothekers
und die Schilderung seiner Quacksalberei (S. 26). Die schlaue
Kellnerin *wanton Besse* ist Barclays Erfindung. Ihm gehört
auch der Absatz über das öffentliche Treiben der Dirnen
am Sonntag, wobei er das Fehlen abgeschlossener Frauen-
häuser als gefährlich für die allgemeine Sittlichkeit bezeichnet (S. 29 f.). Sein sind ebenfalls die köstlichen Verse
über die Bettelmönche:

> We gyve woll and chese, our wyves coyne and eggs,
> Whan freres flater and prayse theyr propre legges.
> For a score of pynnes and nedles two or thre,
> A gentell Cluner two cheses hadde of me,
> Phylys gave coyne because he dyd her charme,
> Ever syth that tyme lesse hathe she felte of harme.

Barclays vierte Ekloge *The fourth Eclogue, Entituled
Codrus and Minalcas, Treating of the Behavour of Riche Men
agaynst Poetes* ist eine Nachbildung von Mantuans *Ecloga
quinta de consuetudine divitum erga poetas inscripta Candidus.*
Ich mufs sie für später entstanden halten als die fünfte,
weil die Nachahmung bereits eine freiere wird.

Bei Mantuan trifft der reiche Sylvanus den armen
Candidus und fragt ihn, warum sein Gesang verstummt sei.
Als Grund giebt der andre an, dafs die Lieder von den
Reichen nicht genügend bezahlt würden. Und neben der
Beschäftigung des Hirten zum Vergnügen die Dichtkunst
zu pflegen, dazu reiche die Kraft des Einzelnen nicht aus.
Jedes allein verlange die ganze Thätigkeit des Mannes.
Sylvanus findet das Verlangen nach materiellem Lohne unge-
rechtfertigt. Die Götter hätten dem einen Reichtum, dem
anderen Talente gegeben. Als Candidus erwidert, dann
dürfe Sylvanus auch von ihm keine Lieder verlangen, meint
dieser, er wolle sie ihm ja nicht nehmen, nur sich daran
erlaben. Erlaben aber will sich auch Candidus an dem
Besitze seiner Genossen. Er bleibt bei seiner Weigerung,
indem er beteuert, dafs seine Wünsche sehr bescheiden
seien. Dabei weist er auf eine Anzahl Dichter und deren

Gönner im Altertume hin, von denen er durch einen gewissen
Umber gehört haben will. Den Rat, nach Rom zu gehen,
weist er mit der Begründung zurück, dafs dort kein Augustus
mehr die Dichter belohne. Für Heldenlieder bezahle überhaupt
niemand mehr etwas: nur lockere, schlüpfrige Dichtungen
würden vom Publikum verlangt. Die unbestimmten Ver-
sprechungen des Sylvanus erbittern schliefslich den armen
Sänger, dafs er mit kräftigem Fluche dem Geizigen das
Schicksal des Midas wünscht.

Dieses ganze Zwiegespräch findet sich allerdings bei
Barclay wieder. Sylvanus ist Codrus, Candidus Minaleas
geworden. Aber zunächst hat sich schon der Engländer
nicht so genau an die Reihenfolge von Rede und Gegenrede
gehalten als in der fünften Ekloge. Das Gleichnis

.... Ut solstitio fiam philomela reversa
, Mutus.

ist frei und an einer ganz anderen Stelle wiedergegeben:

What time the cuckowes fethers mout and fall.
From sight she lurketh, hir song is gone withal.

Die Aufforderung, nach Rom zu gehen, beantwortet bei
Mantuan Candidus mit den Worten

.... Romana palatia vidi,

der englische Bukoliker für seine Verhältnisse passender:

Of the court of Rome, forsooth, I have heard tell.

Weiter heifst es bei Mantuan:

Occidit Augustus nunquam rediturus ab orco.

Barclay dagegen schreibt:

Micene and Morton be dead and gone certayne,
They nor their like shall never returne agayne.

Dabei ist zu bemerken, dafs Mecaenas allerdings auch bei
Mantuan vorkommt, aber an einer anderen Stelle. Wie er
sodann den Erzbischof Morton von Canterbury in die Ekloge
hineingebracht hat, so hat er auch an die Stelle des unbe-
kannten Umber *the Dean of Powles* treten lassen, während

er sich in der fünften Ekloge fast nur auf solche schatten-
hafte Personen mit lateinischen Namen beruft, wie Cornyx.
Codrus, Candydus.

Die Hauptabweichung von der Vorlage ist die, dafs er
jenes Gespräch der beiden Hirten nur als Einleitung und
Schlufs für zwei Lieder benutzt. Anders als Mantuans Candidus läfst sich nämlich Barclays Minalcas bewegen, einige
Strophen *of fruitfull clauses of noble Salomon* zu singen.
Da dieser Gegenstand den Zuhörer aber nicht interessiert,
und da er etwas anders zu hören verlangt, so singt Minalcas
jetzt eine lange allegorische Geschichte *The description of
the towre of vertue and honour, into which the noble Howarde
contended to enter by worthy actes of chivalry.* Im Kampfe
ist Haward — es ist Barclays Beschützer, der Herzog von
Norfolk*) — durch *Fortune* und *Death* verhindert worden.
ganz in das Schlofs hineinzudringen. So läuft die ganze
Allegorie auf eine Totenklage hinaus.

Einen Gesangesvortrag in die Ekloge einzuführen, kann
Barclay von Mantuan gelernt haben. In der vierten Ekloge
des letzteren giebt ein Hirt ein Spottlied auf die Frauen
zum besten. Auf Umber, von dem er es gehört haben will,
beruft er sich vor dem Beginn und nach Vollendung seines
Vortrages, und ganz ebenso nennt Barclay an beiden Stellen
den Namen Cornix. Am Schlufs ist sogar die Wendung
ähnlich:

Carmina doctiloqui cursim recitavimus Umbri,

möge man vergleichen mit:

Lo, Codrus, I have tolde thee by and by
Of shepheard Cornix the wofull elegy.

Aus derselben Quelle hat er auch die Namen Licoris und
Testalis.**)

Einen selbständigen Schritt sehe ich darin, dafs das
eine Lied. welches Barclay in die Ekloge einlegt, eine Toten-

*) Fairholt S. LXIX.
**) S. LXVII. — S. 166.

klage enthält. Das kann Mantuan ihm nicht gelehrt haben. Vielleicht dachte er an Vergils fünfte Ekloge, in der er auch den, soviel ich weifs, bei Mantuan nicht vorkommenden Namen Menalcas gefunden haben mag. Wenn er aufserdem in diesem Gedichte die in England übliche Form der Allegorie wählte, so ist auch das ein Schritt, der ihn von seiner unmittelbaren Vorlage entfernt.

Ein ganz anderes Verhältnis zu Mantuan zeigen die Eklogen 1 bis 3. Hier nämlich ist nur die Technik im allgemeinen noch die seines Lehrmeisters. Der Inhalt aber, den er in die Form gegossen hat, ist ein ganz andrer. Überhaupt hat er ihn gar nicht aus einem bukolischen Werke entnommen, sondern er fand ihn in Aeneas Sylvius' *Tractatus de curialium miseriis,* wie auch Fairholt bereits erwähnt. Dafs das Bearbeiten fertiger Eklogen dem Schaffen neuer vorausgegangen sein wird, erscheint wohl nicht zweifelhaft, und somit dürfen wir die Eklogen 4 und 5 vor 1 bis 3 entstanden ansetzen. Die ersten drei jedoch werden wir nicht anders anzuordnen haben als der Verfasser.

In der ersten Ekloge treffen Coridon und Cornix zusammen, jener ein jugendlicher Hirt, der nur das Schäferleben kennt, dieser ein ergrauter Mann voller Lebenserfahrung und Weisheit. Coridon klagt, wie wenig ihm das Schäferleben zusage, wie es nur Sorgen statt Vergnügen, nur Mühen ohne Lohn mit sich bringe. Coridon hält die Unannehmlichkeiten, die sie zu ertragen haben, für Strafen wegen begangener Sünden. Das kann aber der andere nicht zugeben. Er erklärt, dafs er dieses Leben nicht länger ertrage, dafs er in die Stadt, an den Hof gehen wolle, wo, wie er meint, das Leben genufsreicher sei.

Das stellt nun Cornix in Abrede und spricht — nach einem kräftigen Zuge aus der Flasche — mancherlei Abfälliges über Höfe und Fürsten. Von dem Tadel nimmt er allein aus *noble Henry which nowe departed late.* Cornix weist nach — aufser einigen Abschweifungen — dafs die-

jenigen betrogen seien, welche eins der folgenden drei Güter,
nämlich Ehre, Macht oder Reichtum, bei Hofe erwerben
wollen. Endlich erkennt Coridon den Beweis als geliefert an:

This day haste thou tolde and proved openly
That all such courtiers do live in misery,
Which serve in the court für honour, laude or fame,
And might or power, thou proved haste the same:
And that all they live deepest in distresse
Which serve there to win vayne treasour and riches.

Ein heraufziehendes Gewitter macht dem Gespräche
ein Ende, und nach einem letzten Trunke aus der Flasche
trennen sich die Hirten.

Von Aeneas Sylvius hat jedenfalls Barclay die erste
Anregung zu diesem Gedichte erhalten. Am Anfange seines
Traktats erzählt nämlich jener von einem Gespräche, das
er als Jüngling einst mit seinem Vater gehabt habe, und
in welchem derselbe ihn vor dem Hofleben gewarnt hat.
Barclay überträgt dieses Gespräch einfach auf einen alten
und einen jungen Hirten. Wie es möglich ist, dafs ein
Schäfer zu Hofe gehen will, dafs ein Schäfer das Leben
der Höflinge schildert, darüber macht er sich keine Sorge.
Die Klagen des jungen Coridon über das Leben der
Landleute:

Beholde what illes the shepheardes must endure
For flocke and householde bare living to procure . . . .

sind der dritten Ekloge Mantuans entnommen. Man vergleiche auf Seite 153:

Aspice, quo tenuem victum sudore paramus, etc.

Cornix' Ausführungen über den Hof haben dagegen
wieder ihre Quelle bei Sylvius. Auch dieser weist zuerst
nach, dafs Ruhm, Macht oder Reichtum bei Hofe nicht zu
erwerben ist. Wie Barclay hat auch schon Sylvius seinen
Kaiser Friedrich III. von dem allgemeinen Tadel gegen die
Fürsten ausgenommen.*) In der Ausführung mufste Barclay

*) S. 722.

vielfach von der Vorlage abweichen, weil er die auf biblischen und klassischen Citaten beruhende Beweisführung nicht beibehalten durfte. Indessen stimmen auch viele Einzelheiten überein.

Das Motiv von der Feldflasche stammt aus Mantuans neunter Ekloge S. 200:

Pocula prende, fluet melius post pocula sermo.

Auch das heranziehende Unwetter benutzt schon Mantuan in seiner zweiten und dritten als Schluſs.

Die zweite Ekloge giebt ein weiteres Gespräch über denselben Gegenstand. Cornix weist nach, dafs auch Vergnügen bei Hofe nicht zu finden sei. Der Stoff wird dergestalt eingeteilt, dafs nacheinander von den fünf Sinnen die Rede ist, für welche man einen Genuſs erstrebt. Die Anlehnung an Sylvius ist hier eine etwas engere. So kann es sich z. B. der englische Dichter gelegentlich nicht versagen, auch von der Gelehrsamkeit seines Originals etwas zum besten zu geben:

But Livius, Salust, and Quintus Curcius,
Justinian, Plutarche, and Suetonius,
With these noble auctours and many suche mo,
In this time Courtiers will nothing have to do,

worauf der andre erstaunt ausruft:

Cornix, where hast thou these strange names sought?

Die Bekanntschaft mit Vergil verrät Barclay an folgender Stelle:

Onions or garlike, which stamped Testilis,
Nor yet sweete leekes mayst thou not eate y-wis.

Vergleiche Vergil E. II v. 10 f.:

Thestylis et rapido fessis messoribus aestu
Alia serpullumque herbas confundit olentis.

In der dritten Ekloge holt Cornix nach, was in den anderen beiden Gesprächen etwa noch nicht erwähnt ist. Er spricht von dem unbequemen und unappetitlichen Nachtlager

und der unsicheren Wohnung der Höflinge, von der Bestech-
lichkeit der einflufsreichen Personen, von den Leiden des
Krieges, des Stadtlebens u. dergl. mehr, besonders aber von
den Gefahren, denen der Charakter des Menschen bei Hofe
ausgesetzt ist. Auch hier folgt er Sylvins. Doch hat er
die Schilderung des Kriegslebens wesentlich gekürzt und
die allzu gelehrten Auseinandersetzungen weggelassen. Besonders gerne folgt er seinem Vorbilde in derben Schilderungen.
So schreibt z. B. Sylvius über die Betten:

Si plumas fueris assecutus, ad pediculos, pulices, culices, et alias
infinitas vel mordentes, vel deterrime foetentes bestiolas te praepara;
nunquam solus dormies, nisi cum socium cuperes. Linteamenta immunda,
foetida, lacerata, et quibus nuperrime pestilentia sunt mortui, tibi dabuntur.
Comes adjungitur scabiosus, qui se tota nocte fricabit: alius tussitabit:
alius foetido flatute perurgebit.

Ebenso unappetitlich geht es weiter. Vergleiche man
Barclay:

But if it fortune thou lye within some towne,
In bed of fethers or els of easy downe.
Then make thee ready for flyes, and for gnattes,
For lise, for fleas, punaises, mise and rattes.
These shall with biting, with stinking, din and sound.
Make thee worse easement, than if thou lay on ground,
And never in the court shalt thou have bed alone.
Save when thou wouldest moste gladly lye with one.
Thy shetes shal be uncleane, ragged, and rent,
Lothly unto sight, but lothlyer to cent,
In which some other departed late before
Of the pestilence, or of some other sore.

Wo Cornix bei Barclay auf das Stadtleben zu sprechen
kommt, bricht er kurz ab:

After of this may we have communication
Of cities and of their vexation.

Auch hierin sehe ich eine Bestätigung meiner Ansicht, dafs
die fünfte Ekloge vor der dritten geschrieben ist. Denn
sonst würde er nicht auf jenes Gedicht, in dem er die
Schlechtigkeit der Städter behandelt, hier anspielen. Er

mufs aber bereits die Absicht gehabt haben, demselben einen späteren Platz in der Reihe der Eklogen anzuweisen. In den drei ersten Eklogen sehe ich noch im allgemeinen eine Anlehnung an Mantuans Technik. Es sind in allen drei Gedichten dieselben Personen, welche denselben Gegenstand behandeln. Das ist in Mantuans ersten drei Eklogen der Fall, sonst aber nicht gewöhnlich. Die sämtlichen antiken Namen, welche bei Barclay vorkommen, sind aufser Menalcas, auch bei Mantuan zu finden. Mantuans Vers:

Thestylis et Phyllis, Galatea, Neaera, Licoris —

S. 116, E. IV., enthält alle antiken weiblichen Namen, welche meines Wissens bei Barclay vorkommen.

Nachdem wir uns im einzelnen das Verhältnis von Barclays Eklogen zu ihren Vorbildern vergegenwärtigt haben, erübrigt es noch, den litterargeschichtlichen Gewinn aus unserer Untersuchung in wenigen Worten zusammenzufassen.

Alexander Barclay, welcher schon vorher durch Übersetzungen aus dem Lateinischen eine gewisse Gewandtheit in der Aneignung und Übertragung lateinischer Texte erworben hatte, machte um das Jahr 1514 den Versuch, die humanistische Mode-Dichtart der Ekloge in die englische Litteratur zu verpflanzen. Doch gelang es ihm nicht, dieselbe auf die Dauer bei seinen Landsleuten beliebt zu machen.

Wenn auch einzelne Anspielungen beweisen, dafs Vergil ihm bekannt gewesen ist, so war doch Mantuan sein eigentliches Vorbild. Mit dessen Eklogen stimmen die Barclays stets in der ganzen Technik und in ihrem derben satirischen Tone überein.

Barclay dichtete zuerst seine fünfte Ekloge, die vom Städter und Landmanne, im engsten Anschlufs an eine

Mantuansche, die er von kleinen Abweichungen abgesehen nur unter Benutzung einer anderen Stelle, die ebenfalls von Mantuan herrührt, erweiterte. Er liefs hierauf die vierte Ekloge folgen, die vom reichen Manne und vom armen Dichter, eine etwas freiere Nachahmung Mantuans, flocht aber in dieselbe zwei Lieder ein, von denen das zweite eine Totenklage enthält und in seiner Form sich den volkstümlichen englischen Allegorien anschliefst. Nachdem er sich so der Technik Mantuans bemächtigt hatte, dichtete er in derselben die Eklogen 1 bis 3 über das Leben bei Hofe, deren Stoff er aus einem Traktat des Aeneas Sylvius entnahm und nur hier und da mit Mantuanischen Motiven belebte.

Dr. Oswald Reissert.

Die Aufgabe der modernen Philologie in der Gegenwart.

Die Aufforderung der Veranstalter der ersten Versammlung deutscher Neuphilologen: wer geneigt sei, zu der Be-
grüfsungsschrift einen Beitrag zu liefern, möge ihnen dies zu
erkennen geben, hat mich veranlafst, obigen Gegenstand zur
Behandlung vorzuschlagen. Derselbe hat mir schon lange am
Herzen gelegen, und mir ist, als sei die Zeit durchaus gekommen, um einmal eine Art Facit dessen zu ziehen, was bisher
erreicht, und den Versuch zu machen festzustellen, was nun
weiter zu erstreben sei. In mehr als einer Hinsicht ist dies
allerdings wohl schon geschehen: wir haben der Schriften nicht
wenige, welche die Aufgabe der modernen Philologie nach dieser
oder jener Richtung hin zu bestimmen bemüht sind. Eigentlich ist dies je mehr oder weniger der Zweck all der grofsen
Zahl von Reformschriften, welche in den letzten Jahren veröffentlicht, wie auch der Besprechungen und Betrachtungen,
die von den Fachblättern diesen Dingen gewidmet worden
sind. An einer kurzen und knappen Zusammenfassung aber,
einer Art Programm des Ganzen, scheint es mir noch zu
fehlen. Allerdings könnte man mit gutem Rechte fragen,
wie so ich mich berufen fühle, diese am Ende nur von mir
empfundene Lücke auszufüllen, und ich kann dann weiter
nichts vorbringen, als dafs ich bis jetzt vergebens gewartet,
dafs ein Berufnerer eintrete, und dafs man mir hier und da
bestätigt hat, es sei eine solche Feststellung wohl zu wünschen.
Doppelt ungünstig gestaltet sich die Sache für mich noch
dadurch, dafs ich während der Ferien abseits von dem
mir sonst zu Gebote stehenden Material so gut wie ganz

auf mich allein angewiesen bin, und dafs ich deshalb erst
recht um Nachsicht zu bitten Veranlassung habe.

Nun wollte es mir scheinen, als wenn es das Ratsamste
sei, zunächst zu bestimmen, welche Anforderungen nach dem
jetzigen Stand der Dinge an einen Schüler gestellt werden
können und sollen, und daraus abzuleiten, was der Lehrer
selbst zu leisten habe, sowie welche Vorkehrungen zur Ausbildung des Lehrers auf der Hochschule zu treffen seien.
Daneben werden sich noch einige Forderungen einstellen
in bezug auf allerlei Hilfsmittel und Stützen des Studiums
und der Arbeit, und es dürfte wohl auch an einer Veranlassung zu einer allgemeinen Betrachtung über die Zweck-
mäfsigkeit der gegenwärtigen Einrichtung unseres Schul-
wesens nicht mangeln.

Fassen wir also zunächst die Forderungen ins Auge, welche
nach dem jetzigen Stand der Dinge an einen Schüler gestellt
werden können und sollen. Ich sehe dabei ab von Einzel-
bestimmungen für die verschiedenen Schularten und suche
eine Form zu finden, welche gestattet, innerhalb ihres Rahmens
alles Erforderliche zusammenzufassen, so dafs sich dann
leicht für jede einzelne Schule das ihr Zufallende bestimmen
läfst. Den von den preufsischen u. a. amtlichen Lehrplänen
zwischen Französisch und Englisch in bezug auf Behandlung
und Lehrziel festgesetzten Unterschied ziehe ich auch nicht
weiter in betracht, da meines Erachtens das Grammatistisch-
logisch-formalistische der bisherigen Behandlung des Lateinischen schon bei dieser Sprache selbst sich schwerlich mehr
wird lange halten lassen und der Versuch, ihm am Real-
Gymnasium u. s. w. im Französischen eine weitere Stätte zu
sichern, vor der sich immer mehr Bahn brechenden korrekteren
Auffassung von Wesen und Zweck des Sprachunterrichts
nicht bestehen kann. Ich bestimme also für Französisch
wie für Englisch die Forderungen, welche an den Schüler
zu stellen sind, als folgende:

1) korrekte Aussprache;
2) korrektes Lesen;
3) korrektes Schreiben;
4) Bekanntschaft mit den hervorstechendsten sprachlichen Eigentümlichkeiten, Gewöhnung, diese Eigentümlichkeiten unter einander und in den verschiedenen Sprachen zu vergleichen und auf ihre Gründe zu prüfen;
5) Bekanntschaft mit den wichtigsten grammatischen Erscheinungen u. s. w., wie bei 4;
6) einige Vertrautheit mit dem Leben, den Sitten, Gebräuchen, Einrichtungen des französischen (englischen) Volkes in der Gegenwart;
7) eine gewisse Vertrautheit mit der geschichtlichen Entwickelung des betr. Volkes in politischer, kulturgeschichtlicher und litterargeschichtlicher Hinsicht, mit besonderer Berücksichtigung der in dieser Hinsicht wichtigen, klassischen Zeiträume.

Diese sieben Punkte mögen ausreichen, sind aber allerdings so allgemein gefafst, dafs ein paar kurze Erläuterungen nicht fehlen dürfen.

Zu 1. Korrektheit der Aussprache kann nur innerhalb der Grenzen gefordert werden, welche einerseits Dialekt und anderseits die in nur bescheidenem Mafse mögliche Übung dem Schüler setzen.

Zu 2. Korrektes Lesen wird zur Hälfte bedingt durch korrekte Aussprache, zur Hälfte durch Kenntnis der gebräuchlichen Rechtschreibung. Dafs sich zur Erzielung der ersteren der Gebrauch phonetisch geschriebener Texte kaum umgehen lasse, scheint zur immer allgemeineren Ansicht zu werden. Doch dürfen die Schwierigkeiten, welche hiermit verknüpft sind: die ungemeine Verschiedenheit der bis jetzt vorgeschlagenen phonetischen Umschriften, die (trotz der glänzenden Fortschritte) bei der Jugend dieser Wissenschaft unvermeidliche Unsicherheit und Meinungsverschiedenheit selbst in den wichtigsten Fragen, das Bedenkliche zweier (ja beim Übergang zu anderen Lehrern oder Schulen noch mehrerer) Schriften u. a. m. nicht zu unterschätzen sein. Jedenfalls ist darauf hinzuwirken, dafs die phonetischen Umschriften, welche in der Schule gebraucht werden, so einfach wie möglich seien (wobei eine Berücksichtigung des Dialekts der betr. Gegend nicht ausgeschlossen ist), und dafs alles aufgewandt werde, die Bemühungen um Reform der üblichen Rechtschreibung zu stützen und zu fördern. .

Zu 3. Korrektes Schreiben bedingt nicht blofs korrektes Sprechen und Lesen, sondern auch Übung des Ohres in Erfassung des fremden Lautes.

4 und 5 wollen dafür sorgen, dafs der übermittelte Stoff auch in ein gewisses System gebracht werde. Doch sollen die Ausdrücke „hervorstechendsten" und „wichtigsten" andeuten, dafs das Systematische in der Schule nur einen bescheidenen Platz zu beanspruchen hat; dafs es vor allem auf die Dinge selbst ankommt. Jeder gewissenhafte Haushalter wird seinen Besitz in Ordnung halten; es wird ihm aber wenig helfen, wenn er sich einen Arnheim anschafft, ehe er etwas darin aufzuheben hat. So mag der grammatisch-logisch Gebildete ja wohl einen ganz solide gearbeiteten Schrank mit den schönsten Fächern und der besten Rubrizierung in Formenlehre und Syntax für die verschiedenen Redeteile besitzen; nur schade, die Fächer sind leer, höchstens hier und da der Boden bedeckt: das Skelett hat er, das System: das lebende Wesen, die Sprache, ahnt er kaum.

6 und 7 gehören eigentlich zusammen. Schulen mit kürzerer Unterrichtszeit, welche ihre Schüler schon nach vollendeter II[b] oder II[a] entlassen, werden bei 6 Halt machen müssen; die andern fassen 7 hinzu: neben der Lektüre geeigneter Historiker, im Französischen also das Siècle de Louis XIV, im Englischen Shakespeare (und Milton). Hierbei ist darauf zu achten, dafs auch die Lektüre solcher Schriftsteller und die Betrachtung solcher Zeiten ermöglicht werde, welche unserm Volke litterarisch und politisch be-

sonders wichtig geworden sind, also abgesehen von den Genannten z. B. die französische Aufklärung und Revolution,
der englische Roman dieses Jahrhunderts u. a. Indessen
kann die Vorsicht nicht grofs genug sein, mit welcher die
Schriftsteller und Schriften ausgewählt werden, und es darf
nie vergessen werden, dafs die Jugend Anspruch darauf hat,
nur Mustergültiges geboten zu bekommen, dafs also die Betrachtung von Zeiten, welche keine Schriftsteller ersten
Ranges aufzuweisen haben, nicht weiter zulässig ist, als
dies etwa durch die Lektüre von Lessings Dramaturgie
oder eines ähnlichen Werkes veranlafst werden dürfte.*)
Auch ist, wie bei 4 und 5 ausdrücklich hervorgehoben, hier
gleichfalls ein stetes Beziehen und „Hinüber- und Herüber-
blicken", wie Lessing sagt, am Platze, das nicht nur auf
die Muttersprache und das Französische und Englische be-
schränkt bleiben darf, sondern auch dem Geschichts- und
Geographie-Unterrichte seine Stoffe mit vorzuschreiben hat,
wie denn überhaupt der Lehrplan unserer höheren Schulen
sich immer mehr aus dem unorganischen Neben- und Nacheinander zu einem organischen Zusammen- und Ineinander-
arbeiten gestalten mufs.**)

Die sämtlichen von mir aufgezählten 7 Punkte aber,

*) Gänzlich auszuschliefsen ist natürlich die Lektüre aller Stücke,
welche nicht durchaus französisch (englisch) sind; also alle Anekdoten von
Alexander und Cäsar, dem Rabbi Meir, Kosciuszco, den Indianern und
Tataren u. s. w., u. s. w., von Übersetzungen ganz zu schweigen.

**) Man wird tadeln, dafs ich kein Wort sage über das Sprechen-
lernen der fremden Sprache in der Schule. Indessen scheint mir, dafs
sich dieses gleich allen andern besonderen Übungen und Veranstaltungen
des Unterrichts, auf die einzugehen es schon an Raum fehlte, notwendig
aus den angeführten 7 Punkten ableiten lasse. Wenn der Unterricht
konsequent die Erlernung der fremden Sprache als Hauptzweck verfolgt,
so wird dabei selbstverständlich auch eine gewisse Übung im Sprechen
stattfinden müssen. Doch ist wohl angezeigt, dafs man die Umgangs-
und Alltagssprache nicht allzusehr in den Vordergrund stelle; denn ihre
Erlernung in der Schule ist schwer, während sie bei richtiger Vorbereitung
nachher im Leben leicht genug wird. Das wichtigste aber ist, dafs man
in das Geistesleben des betr. Volkes einen Einblick erhalte.

welche nicht etwa nacheinander im Unterrichte zu behandeln sind, sondern auf deren Erreichung, bezw. Vorbereitung vom ersten Augenblicke an mit Konsequenz hinzuarbeiten ist, werden wenig oder nichts zu bedeuten haben, wenn der Lehrer nur darauf ausgeht, dem Schüler Kenntnisse zu übermitteln, ihn zum Behälter einer gewissen Masse positiven Wissens zu machen. Der ganze Unterricht mufs vielmehr darauf hinzielen, dafs der Schüler selbst Interesse an der Sache gewinne, dafs er selbstthätig werde und das in der Schule Gelernte auch aufser der Schule und nach der Schule zu befestigen, zu ergänzen, zu vertiefen suche. Er mufs die Sache treiben, weil sie ihm lieb geworden ist, um der Sache willen, und das ist dann der vielberufene Idealismus, den keineswegs die Beschäftigung mit irgend welchen bestimmten Fächern bringt mit gleichsam magischer Gewalt; sondern der jeder Thätigkeit, jedem Streben inne wohnt, die selbstlos auf die Sache selbst gerichtet sind, wobei der Mensch sein Ich vergifst und nur die Förderung des Ganzen sucht. Wir haben bisher in der Schule viel zu sehr die Gewalt des Stofflichen überschätzt und viel zu wenig an den Geist gedacht, der das alles zu seinem Eigentume machen und dabei doch eine einheitlich in sich begründete Persönlichkeit werden soll. Hier bleibt noch eine ungeheure Menge Arbeit zu thun, zu der kaum ein Anfang gemacht ist. Einer der wichtigsten Punkte ist dabei, dafs endlich einmal den Lehrern klar werde, dafs mit ihrer Ausbildung als Fachleute erst die Vorbildung geschaffen ist zur Erreichung dessen, was sie sein und leisten sollen; dann kommt erst noch die Ausbildung als Lehrer: sie müssen lernen aus der Fachwissenschaft eine Schulwissenschaft machen und diese als geschulte Pädagogen ihren Schülern übermitteln und nie vergessen, dafs sie zugleich auch Erzieher sind, dafs ihnen also neben der Pflege der Schulwissenschaft auch die des Schullebens obliegt, dafs sie auch für die Charakterentwickelung ihrer Zöglinge Sorge zu tragen haben.

Hiermit wäre ich schon bei dem zweiten Punkte: den Forderungen, welche an den Lehrer zu stellen sind, angelangt. Dieselben sind durch das Voraufgegangene schon vollständig bestimmt und lassen sich in Kürze erledigen.

Es versteht sich von selbst, dafs der Lehrer die Kenntnisse, welche er dem Schüler übermitteln soll, selbst besitze und darüber hinaus sein Fach so beherrsche, dafs er überall aus dem Vollen schöpfen und mit Sicherheit und Klarheit sein Ziel verfolgen kann. Er mufs also

1) mit der Phonetik und deren Ergebnissen und Fortschritten ausreichend bekannt sein, um die charakteristischen Lautunterschiede des Französischen (Englischen) vom Deutschen seinen Schülern praktisch (und, soweit unbedingt erforderlich ist, auch theoretisch) klarzumachen, vorzuführen und einzuüben;

2) die lebende französische (englische) Sprache (Sprachschatz wie Grammatik) sowohl in ihrer Alltags- wie litterarischen Erscheinung ausreichend kennen und in gewissem Mafse beherrschen;

3) das gegenwärtige Leben (Sitten, Gebräuche u. s. w.) des französischen (englischen) Volkes genauer studiert und, wenn irgend möglich, durch eigene Anschauung kennen gelernt haben;

4) die französische (englische) Sprache auch in ihrer geschichtlichen Entwickelung studiert haben und im stande sein, die Erscheinungen der lebenden Sprache (soweit möglich) geschichtlich zu erklären. Er mufs zu diesem Zwecke die klassischen Schriftsteller, ebenso wie die ältesten Schriftdenkmäler, eingehend behandelt haben, mit den verbindenden Zeiträumen ausreichend bekannt sein und eine allgemeine sprachwissenschaftliche Bildung besitzen, welche ihn befähigt, über sein Spezialfach hinaus sich zu orientieren und ein Urteil zu bilden;

5) auch mit der politischen und Kulturgeschichte des französischen (englischen) Volkes so weit vertraut sein, dafs

ihm bei der Interpretation der Schriftsteller die Erklärung
bezüglicher Stellen entweder aus eigenen Kenntnissen ermöglicht ist, oder er bei besonderen Schwierigkeiten im
stande sei, sich der erforderlichen Hilfsmittel mit Verständnis
zu bedienen;

6) ausreichende allgemeine und spezielle Schulung in
pädagogischen Dingen besitzen, um sowohl in bezug auf
Übermittelung und Erzielung der erforderlichen Kenntnisse
nach richtigen pädagogischen Normen zu verfahren, wie
auch im allgemeinen seine Stellung als Lehrer und Erzieher
im Organismus der Schule gebührend auszufüllen (dies ist
schon vorher S. 37 erwähnt);

7) ständig bemüht sein, die Entwickelung seiner Wissenschaft nach den verschiedenen Seiten hin zu verfolgen und
Fühlung mit derselben zu behalten.

Die in Punkt 1 ausgesprochene Forderung ist jetzt soweit durchgedrungen, dafs die Kreise, welche sich ihr verschliefsen, kaum mehr in betracht kommen können. Es sind
dies durchgehend nur ältere Herren, die sich gegen die
„Neuerungen" sträuben („das war doch früher nicht"), weil
ihnen ein Herausgehen aus alten gewohnten Bahnen und
ein Eingehen auf unsichere, schwankende Versuche zuge-
mutet wird, das die Gemütlichkeit ihres Daseins und die
Zufriedenheit mit den von ihnen erzielten „Leistungen" allzu
sehr stört, um nicht als „verfrüht", „unreif", „verfehlt",
„überstürzt" u. s. w. abgelehnt und verurteilt zu werden.
Am breitesten scheint sich diese gemütliche Selbstzufrieden-
heit auf dem Gebiete des Mädchenschulwesens zu machen.
wo immer noch Plötz und Plate ihr Regiment fast unbe-
stritten führen und ersterer jetzt sogar durch eine Über-
arbeitung zu neuer Lebensfrische aufgemuntert werden soll,
während man dies bei letzterem nicht einmal für nötig zu
erachten scheint.

In Punkt 2 und 3 sind die Ausdrücke „annähernd", „in
gewissem Mafse", „wenn irgend möglich" (wie früher bei

den Forderungen für die Schüler „hervorstechendste", „wichtigste", „eine gewisse", „einige") absichtlich gewählt. Wie es bisher nur verhältnismäfsig wenigen möglich war, ins Ausland zu gehen und noch wenigeren von dem Aufenthalte draufsen den vollen Nutzen zu ziehen; so wird auch künftig selbst bei wesentlich gebesserten Verhältnissen eine Grenze gezogen bleiben, welche zu überschreiten Mittel, Verhältnisse und Begabung gar manchem nicht möglich machen werden, ohne dafs deshalb gesagt wäre, er sei als Lehrer unverwendbar. Im Gegenteil, je mehr sich unser Fach entwickelt, je besser die Verhältnisse an Schulen und Hochschulen liegen, je ausgiebigere und brauchbarere Hilfsmittel dem Schüler, Studenten und Lehrer zu Gebote stehen; um so viel leichter wird es auch werden, selbst im Inlande solche Kenntnisse zu erwerben, welche eine erfolgreiche Lehrthätigkeit ermöglichen. Der strebsame Lehrer wird dann schon selbst jede Gelegenheit benutzen, um durch Verkehr mit Ausländern, Ferien- oder Urlaubsreisen ins Ausland u. s. w. die Lücken, welche sich ihm fühlbar machen, auszufüllen. Wer aber nicht strebsam ist, dem wird auch das Ausland herzlich wenig helfen.

Punkt 4, 5 und 7 werden auf keinerlei Widerspruch stofsen, sie sind wohl allgemein anerkannt. Punkt 6 aber, auf den ich schon vorher zu sprechen gekommen, ist zwar auch schon sonst einigemale berührt worden: man hat eingesehen, dafs der zukünftige Lehrer nicht blofs als Fachmann, sondern auch als Lehrer geschult werden müsse; indessen haben sich, soweit ich gesehen habe, die kühnsten Forderungen (Breymann-Klinghardt) bis jetzt nicht weiter verstiegen, als dafs ein im praktischen Lehramte erprobter Fachmann neben dem Fachprofessor von Universitätswegen eine Art theoretischer Unterweisung in der Praxis des modernfremdsprachlichen Unterrichts erteile, wobei auch ein Hospitieren in dessen Unterrichtsstunden wohl als möglich und wünschenswert mit in betracht kam. Das ist aber nur ein dürftiger Notbehelf. Soll sich denn nach wie vor jeder

Lehrer, der studiert hat, von dem ersten besten Volksschullehrer beschämen lassen, wenn es sich um Psychologie und Pädagogik handelt? Und dabei sind doch die Leistungen der Volksschullehrerseminare auf diesem Gebiete herzlich bescheiden. Wir aber begnügen uns zum grofsen Teile damit, dafs wir vor dem Examen ein paar Tage lang uns irgend ein Leitfädchen der Psychologie einpauken — mit der Pädagogik kommen wir meist nicht einmal dazu, und hernachmals unterrichten wir frisch, fromm, fröhlich, frei, so wie wir glauben, dafs von unseren Lehrern die, die wir für gut hielten, es gethan, und bilden uns vielleicht auch so nach und nach unsere „eigene Methode". Dies ist einer der schlimmsten Schäden unserer gegenwärtigen Ausbildung, der vor allem verschuldet hat, dafs so viel über Überbürdung in der Schule geklagt wird. Deshalb müssen wir uns gewöhnen, das Studium der Ethik, Psychologie, Pädagogik als einen integrierenden Teil der Vorbereitung auf das Lehramt anzusehen und darauf hinzuwirken, dafs jede Hochschule ein pädagogisches Seminar und eine dazu gehörige Übungsschule erhalte. Alles andere ist nur Notbehelf.

Und damit wäre ich schon mitten in der Erörterung dessen, was die Hochschule zur Ausbildung der zukünftigen Lehrer der modernen Sprachen zu thun hat. Hier kann ich mich um so kürzer fassen, als von kompetentester Seite über diese Frage auf der Versammlung gesprochen werden soll. Die Hochschule mufs eben dem Lehrer in vollem Mafse die Möglichkeit gewähren, sich so auszubilden, dafs er zu leisten imstande sei, was wir vorher von ihm fordern mufsten. Sie mufs ihm die für sein Fachstudium notwendigen Vorlesungen bieten.*) Sie mufs ihm gleichfalls die Möglichkeit gewähren,

---

*) Die Forderung der Giefsener Philologen-Versammlung von 1885 auf Errichtung zweier Lehrstühle erscheint noch bescheiden genug. Es dürfte sich wohl bald zeigen, dafs die alte, die klassische und die moderne Zeit jede ihren besondern Vertreter beanspruchen, von denen Encyklopädie und Methodologie, wie Phonetik wohl mit behandelt werden können (?).

die für sein Fach nötigen Hilfsstudien zu machen (bes. in Geschichte und Kulturgeschichte, sowie in allgemeiner Sprachwissenschaft), und sie muſs, wie eben ausgeführt, für seine Ausbildung in der Pädagogik und deren Hilfswissenschaften, sowie für seine Anleitung zum praktischen Unterrichte ausreichend Sorge tragen. Ob damit eine Zweiteilung des Examens erforderlich würde, ist eine Frage für sich, die wohl zu bejahen sein dürfte. Eine örtliche Trennung der Unterweisung in Pädagogik und praktischem Unterricht von der Hochschule (wie sie etwa mit dem sogen. pädagogischen Seminar zu Kassel u. s. versucht ist) verspricht durchaus nicht, das Nötige zu leisten. Nur an einer Hochschule selbst ist es möglich, die für diese Zwecke erforderlichen umfassenden Maſsnahmen zu treffen, da nur dort die Personen zu finden sein werden, welche einer solchen Aufgabe gewachsen sind. Für den Augenblick werden sie selbst da noch meist fehlen, und es gilt also einstweilen Aushilfe zu finden, und deshalb sind die Vorschläge, welche ich vorher als Notbehelf bezeichnete, doch wohl in Erwägung zu ziehen. Nur darf nicht unausgesprochen bleiben, dafs sie eben nur dienen sollen, bis Besseres an ihre Stelle treten kann. — Mit der Frage des Examens und der etwaigen Teilung desselben hat man auch andere Fragen in Verbindung gebracht: wann ein Aufenthalt im Auslande ratsam, und wie derselbe am besten zu nutzen sei. So lange nur ein Examen besteht, ist es jedenfalls am besten, nach demselben ins Ausland zu gehen, und nur eine gewisse pekuniäre Unabhängigkeit gewährt die Möglichkeit der vollen Ausnutzung der Vorteile des Aufenthalts drauſsen. Jedenfalls aber wird mit diesem Aufenthalte weitaus nicht erreicht, was damit erreicht werden soll, wenn der junge Mann sich nicht entschliefst, so lange er fort ist, auch wirklich drauſsen zu leben, mit den Bewohnern des fremden Landes allein zu verkehren, sich zu bemühen, ihnen so nahe als möglich zu treten, in ihr Wesen so tief als möglich einzudringen. Des-

halb ist mit den vorgeschlagenen Seminaren in Paris und
London nichts anzufangen, und der Staat kann nur durch
Reisestipendien etwas erreichen, bei deren Verteilung aber
verlangt werden mufs, dafs der Stipendiat eine bestimmte
Aufgabe löse, u. z. nicht etwa Abschrift oder Kollationierung
von Texten u. dgl. in einer Bibliothek (wobei er von der
fremden Welt so gut wie nichts zu sehen bekommt), sondern
etwa das Studium bestimmter Laute, gewisser Spracheigen-
tümlichkeiten, dieser oder jener Schuleinrichtung u. dgl. m.
Wird ein doppeltes Examen gemacht, so ist immer noch
fraglich, ob der Aufenthalt im Auslande nicht erst nachher
ratsam sei; indessen kommt noch in betracht, dafs die grofsen
Ferien sehr oft schon zu diesem Zwecke werden nützlich
verwandt werden können, besonders wenn das Experiment
mehrfach wiederholt wird. —

Eine weitere Frage, welche sich noch an die Gestaltung
des Universitätsstudiums knüpft, ist die nach der Zweck-
mäfsigkeit der Verkoppelung des Französischen und Englischen in Studium und Examen. Ziemlich allgemein scheint
man zu der Ansicht gelangt zu sein, dafs dieselbe sich nicht
empfehle, und wäre nicht das Prüfungsreglement und einiges
andere, so griffen wohl viele zu anderen Verbindungen.
Französisch und Latein, Englisch und Deutsch, und beidemal
als Nebenfach Geschichte und im ersteren Falle Deutsch
(und Englisch), im letzteren Latein (und Französisch) erscheinen als das Natürlichste. Deutsch aber, wenn nicht
als Haupt-, so doch als Nebenfach, dürfte in keinem Falle
fehlen. Im Deutschen sollte jeder Lehrer, wenn nicht
unterrichten können, doch wenigstens soweit bewandert sein,
um mit dem Kollegen, der Deutsch gibt, sich zu verstehen
und Hand in Hand zu arbeiten. Der fremdsprachliche Unterricht, der nicht mit dem deutschen Fühlung hat, schwebt in
der Luft. Dafs es an Beziehungen auch zu den anderen
Fächern nicht fehlen darf, ist schon vorher ausgeführt: indessen scheue ich die Wiederholung nicht und betone nochmals

die äußerste Notwendigkeit, daß wir endlich für unsere
höheren Schulen einen wirklichen Lehrplan schaffen, in dem
alle Fächer zusammen und in einander arbeiten.

Der Versuch, solche Lehrpläne auszuarbeiten, wird auf
unendliche Schwierigkeiten stoßen, deren geringste die genaue Bestimmung der für jede Klasse durchzunehmenden
Pensen, wie sie besonders die preußsische Unterrichtsverwal-
tung beliebt, wahrlich nicht ist. Im Verfolge dieser Er-
wägungen aber wird sich erst mit Bestimmtheit zeigen, ob
unsere höheren Schulen, so wie sie jetzt organisiert sind,
fortbestehen können, oder ob Änderungen möglich, bezw. notwendig sind, und welcher Art dieselben sein müssen. Allerdings ist der Streit hierum schon lebhaft genug entbrannt
und wird immer heftiger werden: wie aber ist zu hoffen,
daß irgend Ersprießliches daraus hervorgehe, da die
Streitenden immer von ganz verschiedenen, ja entgegengesetzten Voraussetzungen ausgehen und gleicherweise ganz
verschiedene Ziele anstreben? Theologen, Juristen, Mediziner,
Philologen von allen Arten, Naturwissenschaftler, Ingenieure,
Techniker u. s. w., u. s. w., sie alle fechten mit, jeder von seinem
Standpunkte aus, und über der vielen Stimmen disharmoni-
schem Streite verstummt, der allein die Sache zu entscheiden
hat, wenn es sich um allgemeine (nicht um Fach-) Bildung
handelt: der Pädagoge. Möchte er doch recht bald zu Worte
kommen zum Heile aller! — Inzwischen wird zur Klärung,
nach einer Richtung hin wenigstens, die Versammlung der
Einheitsschulmänner in Hannover jedenfalls ihr Teil beitragen.

Nachdem ich so, leider nur gar zu allgemein und summa-
risch, mehr mit Behauptungen als mit Gründen (obwohl es
mir an diesen und an den Belegen dazu nicht fehlen möchte,
wenn ich darauf eingehen dürfte des Raumes wegen) dar-
zulegen versucht, was mir auf dem Gebiete der modernen
Philologie errungen scheint, und was noch zu erstreben ist,

möchte ich doch nicht schliefsen, ohne noch einige praktische
Folgerungen zu ziehen, die sich aus dem Vorangegangenen
ziemlich zwingend ergeben dürften. Ich meine, wenn wir
sagen, der Schüler, der Lehrer, die Hochschule müssen das
und das leisten, so müssen wir uns auch danach umsehen,
wie ihnen das möglich gemacht werden soll.

Dem Schüler soll naturgemäfs zuerst der Lehrer helfen; sie
beide müssen aber bei ihrer gemeinschaftlichen Arbeit gar viele
Hilfsmittel gebrauchen, welche ihnen die Gegenwart mehrfach
gar nicht, vielfach in sehr unzureichendem Mafse bietet. Da
ist zunächst Lese- und Übungsstoff nötig; bis jetzt aber sind
Lese- und Übungsbücher, welche Ernst machen mit den
Forderungen, welche unsere Wissenschaft heute an sie stellen
mufs, kaum vorhanden. Es herrscht zwar eine fieberhafte
Thätigkeit auf diesem Gebiete; aber wo sind Bücher, welche
ermöglichten, den vorher (S. 34) aufgestellten 7 Punkten,
soweit sie für ein Lese- und Übungsbuch Geltung haben,
gerecht zu werden? Ein bischen Phonetik (meist leihweise
übernommen) mit einer, ohne irgend erkennbares Prinzip
aus grofsenteils in Deutschland erschienenen Lehrbüchern
zusammengestellten Anzahl von Lesestücken, denen ein paar
Übungen folgen, die noch ziemlich nach alten Mustern
schmecken, das thut's freilich nicht. So aber ist das meiste
gearbeitet, obwohl es auch schon Ausnahmen giebt, die
wenigstens in einem oder dem anderen Punkte Ernst machen.
Indessen kleidet mich diese Kritik schlecht, da ich ja dem-
nächst als Konkurrent mit auf dem Plan erscheinen soll.
Dann brauchen wir Schulausgaben von Autoren, bez. Einzel-
schriften. Auch hier wird eifrig gearbeitet, und obwohl sich
die Mehrzahl noch nicht frei machen kann von Anmerkungen,
in denen die elementarsten Regeln der Aussprache, Schrift,
Grammatik breitspurig verzeichnet sind, von Erklärungen
selbstverständlicher Dinge (mit weiser Verschweigung wirklich vorkommender Schwierigkeiten), so dafs man das Gefühl
bekommt, der verehrte Kollege, welcher als Interpret auf-

tritt, habe wenig Zeit und nicht allzu viel Fachkenntnis zu seiner Arbeit mitgebracht; so haben wir doch auch recht tüchtig gearbeitete Ausgaben, von denen die unter Dieckmanns Redaktion bei Renger erscheinenden mir das Bedürfnis der Schule am meisten zu berücksichtigen scheinen (sie sind allerdings nicht alle gleichmäfsig gut). Es sollte eigentlich besondere Ausgaben für Schüler und Lehrer geben. Die ersteren, wenn sie nicht blofse Textausgaben sind, können sich nicht kurz genug fassen mit ihren Erläuterungen und dürfen nichts geben, das der Lehrer selbst geben kann, bez. selbst geben mufs. Sie haben auch weder der Grammatik noch dem Wörterbuche vorzugreifen, sondern nur bescheiden einzuhelfen, wo diese in Spezialfragen die Antwort schuldig bleiben. Die Ausgaben für den Lehrer aber müssen beweisen, dafs ihr Herausgeber seinen Schriftsteller gründlich kennt. Sie müssen dessen eigentümlichen Sprachgebrauch durch Anführung von Parallelstellen — zunächst aus weiteren Werken desselben Verfassers, dann aus gleichzeitigen, dann aus älteren Autoren — illustrieren; alle Anspielungen, Anführungen u. s. w., welche sich nicht aus den gebräuchlichen Nachschlagewerken erklären lassen, erläutern und klarlegen und überhaupt nichts versäumen, um alles in dem betr. Werke Vorkommende vollkommen verständlich erscheinen zu lassen. Jede solche Ausgabe mufs als ein Beitrag zur Erforschung der Sprache und des Wesens des betr. Schriftstellers und seiner Zeit dauernden Wert besitzen.

Dann werden zur Einführung in die lebende gesprochene Sprache auch Hilfsmittel, wie Sweets englisches Übungsbuch und Frankes und Passys gesprochenes Französisch, unentbehrlich sein. Hier ist noch kaum betretener Boden und bietet sich ein weites Feld fruchtbarer Thätigkeit.

An Grammatiken und Wörterbüchern fehlt es zwar nicht; aber eine Schulgrammatik, welche gegründet wäre auf den Sprachgebrauch bestimmter, in der Schule gebrauchter

Autoren*) und diesen knapp sachlich erklärte, ist noch nicht
da, und auch an einem unter gleichen Voraussetzungen gearbeiteten Wörterbuche fehlt es noch. Das Französische
ist hier allerdings erheblich günstiger gestellt (vgl. Lücking,
Plattner, Breymann, Kühn, Baumgartner — wann
wird Kräuter erscheinen? —: Sachs) als das Englische,
dessen Grammatiken (das wenige ausgenommen, das Vietor
und Sweet bieten) den Sprachgebrauch der verschiedenen
Schriftsteller und Zeiten bunt durcheinander werfen, und
dessen Schul-Wörterbücher kläglich unzuverlässig sind. Also
auch hier Arbeit die Fülle! Wie sehr sind unsere klassischen
Kollegen zu beneiden, welche sich auf die Ergebnisse des
Fleißes von Jahrhunderten stützen können, die es mit einer
in sich vollendeten und abgeschlossenen Sprache und Kultur
zu thun haben (wenn ihnen auch einmal ein Schliemann
u. a. etwas Störung bereiten), während wir unsere Wissenschaft zu erbauen erst begonnen haben und uns obendrein
mit den steten Veränderungen der schwankenden Gegenwart,
welche morgen schon zur Vergangenheit geworden, abfinden
müssen. Deshalb ziemt uns auch Fleiß und Bescheidenheit,
damit wir nicht mehr behaupten und versprechen, als wir
zu leisten im Stande sind. Wo haben wir z. B. ein Buch,
das sich mit Lübkers Reallexikon und ähnlichen Arbeiten
vergleichen liefse? Und doch, wie will man eigentlich ohne
solche Hilfsmittel auskommen bei der Lektüre und Interpretation jedes beliebigen Schriftstellers? Wo haben wir
Speziallexika (aufser Schmidts Shakespeare-Lexikon), wie
sie die klassischen Philologen für ihre Schulautoren besitzen?
An Spezialgrammatiken (Shakespeare auch hier wieder ausgenommen) fehlt es nicht minder. Wir haben also zu thun

---

*) Hier zeigt sich wieder, wie notwendig ein Lehrplan ist, damit
man endlich ins Klare komme, welche Schriften in der Schule gelesen
werden sollen. Indessen ist durch Aufstellung der verschiedenen Kanons
immerhin schon eine bedeutende Klärung erzielt. — Auch Parallel-Gram-
matiken dürfen nicht fehlen.

genug und übergenug, um Hilfsmittel zu schaffen, damit
unsere Schüler ihre Arbeit ordentlich bewältigen können,
und damit den Lehrern die Erfüllung ihrer Aufgabe in vollem
Mafse ermöglicht werde.

Dann müssen wir weiter dahin wirken, dafs der Staat
den Hochschulen die Mittel gewähre, um die Einrichtungen
zu treffen, welche erforderlich sind, um unser Studium zu
dem zu machen, was es sein soll. Es handelt sich ja nicht
um grofse Summen; aber auch diese werden wir nicht be-
willigt erhalten, wenn wir nicht beweisen, dafs ihre Verwendung für diese Zwecke dem Staate hundertfach Nutzen
bringt, dafs jede Förderung des neusprachlichen Unterrichts
dem ganzen Kultur- und Erwerbs-Leben zu statten kommen
mufs, dafs nicht zu unterschätzende reale und ideale Vorteile
mit jedem Fortschritte desselben sicher verknüpft sind.
Wenn dann noch Reisestipendien in der obengenannten
Weise gewährt werden, über deren ordnungsmäfsige Verwendung am besten auch durch die Hochschulen Aufsicht
geübt wird, da ihnen doch jedenfalls meistens die Prüfung
der Ergebnisse zufällt; so wird unser Fach den Wettkampf
mit anderen erfolgreich durchführen, einen Wettkampf, bei
dem es sich darum handelt, dafs jedes beweise, es sei be-
rechtigt und befähigt seinen Platz einzunehmen in der Reihe
der Gegenstände, welche wir zur Ausbildung unserer heran-
wachsenden Jugend für notwendig erachten, damit dieselbe
werde, was sie sein soll: ein Geschlecht, das mit festen
Füfsen auf dem Boden der Gegenwart steht, ohne die Fühlung
mit der Vergangenheit verloren zu haben; das die Gegenwart versteht und begreift im Lichte der geschichtlichen
Entwickelung und sicheren Blickes zielbewufst der Zukunft
entgegenschreitet. —

Zum Schlusse mufs ich wiederholt um Entschuldigung
bitten, dafs dieser Versuch, der fast nur zusammenfafst, was
andre an verschiedenen Orten früher und auch besser schon
gesagt haben, kaum ein paar der Namen nennt, auf die er

sich stützt. Mir stehen eben hier in den Ferien litterarische
Hilfen kaum zu Gebote, und ich mufs daher auf die Zusammen-
stellungen bei Bohnemann, Hornemann u. a. verweisen, denen
ich auch nicht leicht etwas zuzufügen hätte. Im übrigen
war es ja meine Absicht eine Zusammenfassung dessen zu
bieten, was – mir wenigstens – als Ergebnis der eifrigen
Arbeit in unserem Fache erscheint, und daraus die nun zu
verfolgenden Ziele zu entwickeln. Wenn mir dies nicht ganz
mifslungen, so ist der Zweck dieser Zeilen erfüllt.

Koblenz (Solingen), Ende August 1886.

F. Dörr.

Über den Wechsel der Diphthonge *aü* und *oü* im Mittelenglischen.

—

Die ae. Verbindungen *âw*, *âg*, *og*, nach einer Richtung hin auch *êow*, *êaw*, *êah*, ferner an. *âg*, *og* haben im Mittelenglischen die Diphthonge *aü* und *oü* ergeben. Für den Sir Gawain and the Green Knight und die sogenannten ·Early English Alliterative Poems habe ich den Wechsel dieser Diphthonge schon in meiner Dissertation konstatiert und zu erklären versucht. Auf den folgenden Seiten soll die Untersuchung auf sämtliche me. Dialekte, mit Ausnahme des schottischen, ausgedehnt werden. Die Erklärungsweise ist vielfach eine andere geworden. Sie drängte sich von selbst auf, sobald weitere Gebiete durchforscht wurden.

Besonders Denkmäler aus dem 14. Jahrhundert wurden zu Rate gezogen. Hier ist man sicher, dafs in den fraglichen Fällen überall Diphthongbildung stattgefunden hatte.

Man findet die von mir benutzten Denkmäler fast sämtlich verzeichnet bei D. Behrens: Beiträge zur Geschichte der französischen Sprache in England I. S. 56 (franz. Studien V). oder bei A. Sturmfels: Der altfranzösische Vokalismus im Mittelenglischen bis zum Jahre 1400. Anglia VIII. 207. zwei Aufsätze, die sich wohl in den Händen jedes Fachgenossen befinden werden, fo dafs ich mir eine besondere Zusammenstellung der Denkmäler ersparen zu können glaubte. Die dortigen Angaben über Entstehungszeit und Dialekt der Denkmäler sind für die vorliegende Arbeit adoptiert. Für die wichtigern unter ihnen werden sie im Laufe der Untersuchung wiederholt werden.

Als untrügliche Kriterien für die aus obigen Verbindungen entstandenen Diphthonge *au* und *ou* sind anzusehen:
1. Die Reime. Wenn z. B. ae. *cnâwan* = me. *knau* und *knou*, einerseits reimt mit me. *drau (drayan)*, andrerseits mit me. *grou (grówan)*, oder *slou (slôyou)*, von *sleau*, so ist im ersten Falle unzweifelhaft *au*, im zweiten unzweifelhaft *ou* zu sprechen. Denn aus ae. *a* + *g* ist auf dem gesamten me. Gebiete *au*, niemals *ou*, aus ae. *ôw*, *ôg*, *ôh* stets *ou*, niemals *au* hervorgegangen.

2. Die Schreibweise. Falls überhaupt Diphthonge vorliegen, wird man Schreibweisen wie *az**), *agh*, *aw* wie *au*, *oz*, *ogh*, *ow* wie *ou* zu lesen haben.

Wenn andere Verbindungen als die eingangs aufgezählten diesen Kriterien zufolge *au* und *ou* zugleich geliefert haben, so haben wir es nicht mit einem allgemeinen, für eine ganze Klasse von Wörtern geltenden Lautgesetze zu thun, sondern mit einem Ausnahmefalle, dessen Möglichkeit oder Unmöglichkeit dargethan werden mufs. Darin wird die negative Seite unserer Aufgabe bestehen.

I.

Ich beginne mit der Behandlung von ae. *âw*, *âg* im Mittelenglischen. Die daraus sich ergebenden Diphthonge *au* und *ou* verteilen sich auf die me. Dialekte, den kentischen ausgenommen, immer in gleicher Weise. Stets *au* zeigt der northumbrische Dialekt. Pricke of Conscience 239, 340: *knaw* : *draw*. 862 : *lawe* (an. *lâgr*) : *gnaw (gnagan)*. 4145, 4533 : *knawe* : *lawe (lagu)*. 5546 : *slawe (slâw)* : *awe* (an. *agi*). — Cursor Mundi (ed. Morris) 481, 1773 : *law* : *awe*. 757: *thraw (thrâh)* : *draw*. 12199 : *taw* (ꝛ) : *knau*.

Gehen wir von Northumbrien aus nach Süden, so treffen wir hier schon *au* und *ou* im Wechsel. Von den im östlichen

---

*) Mit Rücksicht auf den Druck habe ich mir in der ae. me. Orthographie einige Freiheiten genommen, die man leicht erkennen wird.

Mittellande entstandenen Denkmälern behält The Process of
the 7 sages (ed. Weber) den nördlichen Charakter in bezug
auf *au* durchaus bei. cf. 841 : *thrawe* : *ofdrawe*. 1943 : *lawe*:
slawe (*slagen*, v. *slêan*) 1609 : *awe* : *lawe* (*lagu*). Dagegen
King Alisaundre (ed. Weber) weist schon einige ganz un-
zweifelhafte *oü*-Reime auf. 2635 : *lowh* : *drough* (*drôh*, von
dragan). 4366. 4486 : *owen* : *yflowen*. *au*-Reime cf. 3836. 4705.
5630. 7051. 7768. Schwieriger ist es, über den um 1280 in
Lincolnshire entstandenen Lay Havelok the Dane Sicheres zu
ermitteln. Hier begegnen zahlreiche Assonanzen. Sicher
scheint nur 1215 : *thrawe* : *lawe* zu sein. Wir dürfen indessen
nach dem Vorgange der beiden vorhergehenden Denkmäler
schliefsen, dafs *ou* gegen *aü* fast gänzlich verschwand, zumal
wenn wir noch die frühere Entstehungszeit des Lay in An-
rechnung bringen.

In den im Süden des östlichen Mittellandes entstandenen
Denkmälern, so im King Horn. Sir Orfeo, ist zwar kein Reim
mit *aü* oder *oü* gesichert, doch wird sich weiter unten zeigen.
dafs *oü* allein hier gelten mufs, wie der Kopist denn auch
in beiden Denkmälern thatsächlich stets geschrieben hat.

Dem Osten des Mittellandes entsprechen im Westen keineswegs regelmäfsige *aü* im Norden. regelmäfsige *oü* im Süden:
ziemlich gleichmäfsig verteilt gehen hier *aü* und *oü* neben-
einander her. mit einem geringen Plus der *aü* im Norden,
der *oü* im Süden. Sir Gawain 1645 : *knawe* : *drawe*. The
Pearl 461 : *sawle* : *nawle* (an. *nagli*) : *Paule.**) Sir Gawain
1399 : *lowe* : *innoze* (*genôh*). Für den Süden verweise ich
auf Piers Ploughman (C-Text) und William of Palerne.

Im südlichen Dialekte. sowohl im Westen (Robert of
Gloucester) wie im Osten (Octavian) erwarten wir *oü*. Hier
zeigt aber der Ayenbite of Inwit (ed. Morris) die Eigen-
tümlichkeit. dafs *âw* stets *aü*, *ây* stets *oü* ergeben hat; man
schlage bei Morris nach z. B. *blawe*. *knawe* mit Kompos.,

---

*) Daneben im Mittelenglischen auch *Poul*. das auf *Pâwel* zurückgeht,
cf. Orm 8052.

thrawe, zaule, andrerseits *ozen, loz;* während Octavian regelrecht 1249 : *blowe : knowe : rowe (rôwan)* und Robert of Gloucester 410 : *slowe : ynou*, oder 299 : *bylowe : slowe (slôgon)* aufweist.

Wie hat man sich die Entstehung dieser Diphthonge *aŭ, oŭ* aus *âw, âg* zu denken? Wie kommt es, dafs aus *âw, âg* bald *aŭ,* bald *oŭ* wurde? Von der Behandlung des *â* hängt die Natur des sich bildenden Diphthongs ab. *â* fieng bekanntlich im Anfange des 13. Jahrhunderts an, im Süden Englands in *oŏ* überzugehen. Layamon (älterer Text), St. Katherine, St. Juliana, Hali Meidenhad, Sawles Warde, Wohunge of ure Lauerd haben noch *â*. Dagegen in der Proklamation Heinrichs III. vom Jahre 1258 (bei Ellis, O. E. E. Pr. IV.) zeigt sich schon *oŏ* neben *â*. Dieser Übergang mufs sich im Süden und im südlichen Mittellande sehr rasch vollzogen haben; er verbreitete sich allmälich nach Norden, machte im Osten vor dem alten Northumbrien Halt, im Westen dagegen trat, je weiter nach Norden, ein schwankender Zustand ein, *â* behauptete sich hier in ziemlich weitem Umfange neben *oŏ*. Hemmend wirkte in Northumbrien von vornherein der nordische Charakter der Sprache; in Cumberland, Westmoreland, Lancashire mufs sich das nordische Element, ganz verschieden von dem nordisch-northumbrischen, erst später geltend gemacht haben, da es hier später eingedrungen ist. Einen weitreichenden Einflufs übte hier überdies Northumbrien selbst aus, das in der ersten Hälfte des 14. Jahrhunderts dem benachbarten Westen litterarisch weit überlegen war.

Der Behandlung des *â* entsprechend erwarten wir in den einzelnen Dialekten *aŭ, oŭ,* oder beide Diphthonge zusammen. Für Northumbrien trifft dies durchaus zu. Im Pricke of C. und Cursor M. (Cott. und Fairfax-mss., gewöhnlich auch Göttingen-ms.) wird *aŭ* im Reime und Versinnern so konstant durchgeführt wie *â*. Dasselbe gilt von den Denkmälern des äufsersten Südens. Hier ist *â* immer = *oŏ*, somit auch

âw, âg immer ou. So im Octavian. Robert of Gl.. Sir Orfeo.
Wo â in den Denkmälern des östlichen Mittellandes sich
einige Male behauptet hat neben ôò, da treten auch einige
au neben ou entsprechend auf. So im Havelok. K. Alis.,
den 7 Sages. Dagegen in The Destruction of Troy (ed.
Panton-Donaldson f. die E. E. T. S.), Sir Gaw., All. Poems,
Piers Pl. (C-Text). William of Pal. ist â immer ôò (der
Überlieferung nach, mit der wir hier allein zu rechnen haben),
trotzdem überwiegt in den ersten 3 Denkmälern aü bei weitem,
in den letzten beiden freilich ou. Wiederum in dem west-
mittelländisch - schottischen Worte Arthur (ed. Perry. E. E.
T. S. 1865) halten sich â und ôò einerseits, aü und oü andrerseits durchaus die Wage.

Man darf an der ungleichen Verteilung von â, ôò
gegenüber aü, oü in jenen Denkmälern keinen Anstofs
nehmen. Als sich einmal aus âw, âg Diphthonge gebildet
hatten, waren diese von â, ôò ganz unabhängig und
konnten sich verschiedentlich kreuzen. So in den Denkmälern des nördlichen Dialekts und des nördlichen Mittellandes. In einem südlichen Denkmal aber und zumal im Ayenbite of I.. der uns in der kentischen Originalhandschrift überliefert ist. kommt man mit dieser Erklärung schwerlich aus.
Wäre ou = ae. âw aus einer nördlicheren Gegend entlehnt,
so wäre es höchst merkwürdig, warum ae. âg im Ayenbite
stets ou lautete. Der Diphth. au = ae. âw ist offenbar im
kentischen Dialekte selbstständig entstanden. Wir finden
ihn bereits in den Old Kentish Sermons (ed. Morris. Miscell.
26), wo gleichfalls â stets = ôò, âg == ou ist. Bei William
de Shoreham scheint der Schreiber manches verwischt zu
haben. Hier ist âw = ou, selten aü; âg == ou. Einen
sicheren Reim für âw == ou haben wir 95: aknowe : bistowe.
Unterschiede in der Behandlung des ae. âw und âg. âh bestehen nicht: 128: biknowe : throze (thrâh). Als Vorläufer von
aü = âw im Ayenb. und den Kent. Sermons ist ôu anzunehmen. Letzteres wurde, man weifs nicht, aus welchem

Grunde, zu *aü* erhöht. Dafs nicht auch *ou* - *âg* an dieser
Tonerhöhung teilgenommen hat, beruht darauf, dafs sich ein
u vor *g* später entwickelte als vor *w*, s. ten Brink Ch.
§ 46 Anm.

Auch die Verbindungen ae *og* und *êow* ,wenn hieraus
nicht *eü* wurde) haben im Mittelengl. bald *ou*. bald *au* ergeben.
In folgenden Denkmälern habe ich *aü* neben *ou* gefunden. The
Dest. of. Troy 1749. 7874. 8000. 10110: *trauthe.**) 12317: *fawre*
(fêower). Sir Gaw. *brawden (brogden)* 177. 580 *baw (boga)* ibd.
435. 1564 *trawe (trêowjan)* ibd. 70. 1396. Patience: *flawen (flogen)*
214. Cleannefs: *ouerbrawden* 1698. *rawthe (hrêowthe)* ibd. 233.
972. The Pearl: *rauthe* 858. *trawthe* 295 u. s. w. cf. Diss. S. 26.
51. Durch den Reim ist *êow* und *og* = *au* nicht gesichert. Denn
Sir Gaw. 2234: *snawe : lowe* (an. *lâgr)*: *trowe* läfst *ou* wie *aü* zu.
Dennoch haben wir es bei dem Wechsel von *oü* und *au* nicht
mit einer blofsen Laune der Schreiber zu thun, denen es
einfiel, *oü* auch hin und wieder durch die Schreibweise *aw*
auszudrücken, wie man wohl gesagt hat, sondern *aw* bezeichnet
in jenen Denkmälern den Diphthong *au*.

Aufserdem finde ich *au* für ae. *êow* allein im Ayenbite
of I. in dem einen Worte *trau (trêow* = Baum) 28. 57. 95.
cf. Morris, Glossar. Endlich ist *êow* gewöhnlich — *aü* in
einer Handschrift des Cursor Mundi, Fairfax ms., wo die drei
anderen, Cotton., Gött. und Trinity mss., *oü* aufweisen. Fairf.
ms.: *traw* 5175. 5269. 5809. 10975 *(traw : nou (nü)*, falsch)
12207. 12221. 14242 *(traw : raw)*. 15054. 19131 *(trawed : bowed*
(bûgan). falsch). 207515 u. s. w. *traith* 3401. 19307. 20946.
22177. 22182 u. s. w. In das Cott. ms. spielt einige Male
au hinein: 3727. 5151. 17387. Im Gött. und Trinity ms.
steht *au* nur 3651. Da der Cursor M. Northumbrien ange-

---

*) *straw* ibd. 12145. William of Pal. 1617 geht nicht auf *strêowjan*.
sondern auf *stêaurjan* zurück. Orm hat *strawwenn*. das nach Zeit und
Ort aus *strêowjan* nicht erklärt werden kann.

hört, so können wir in ihm *au* neben *ou*, wie wir bald sehen werden, nicht erwarten. Wir haben es hier demnach mit einer mangelhaften Überlieferung zu thun. Wir müssen uns über diese erst orientieren, falls uns eine Erklärung jenes plötzlichen Auftretens von *aü* für *oü* im Fairf. ms. gelingen soll. Die Handschriften des Cursor Mundi C (= Cott. ms.), F (= Fairf. ms.), G (= Gött. ms.), T (= Trinity ms.)*) charakterisieren sich nach ihrer Laut- und Flexionslehre (den Lesarten nach gehören zunächst C G einerseits, F T andrerseits zusammen) folgendermafsen:

1) In C F G ist mit seltenen Ausnahmen (am meisten in G) ae. *â* und ae. *ea* vor *ld* = *ä*; in T ist es in beiden Fällen in *òò* übergegangen.

2) ae. *âw, âg* = *au* in C F G

   „ „ : „ == *oü* in T

3) ae. *hw* == *qu* in C F G

   „ „ = *wh* in T

4) ae. *c* vor *e, i* u. dgl.

   = *k* in C F G

   = *ch* in T

5) *thair* C F G

   her T

6) 2. pers. sing. ind. praes. - *es* } C F G

   3. „   „   „   „   - *es* }

   2. „   „   „   „   - *est* } T

   3. „   „   „   „   - *eth* }

7) 1. }

   2. } plur. ind. praes. - *es* } C F G

   3. }

   1. }

   2. } „   „   „   - *en, e* } T

   3. }

8) part. praes. -and C F G

 " " -ing T

9) sal, salde C F G

shal, shulde T

walde C F G

wolde T.

Demnach ist die Überlieferung in C F G northumbrisch, in T südost-mittelländisch. F hat einige mittelländische Eigentümlichkeiten mit T gemein. nämlich ham, hem F T, thaim (tham) C G. Allein steht es mit seinem pron. 3. pers. sing. fem. nom. ho, wofür in C sco, in G scho, in T sche eintritt. Ferner begegnet in F einige Male -en für den plur. praes. ind. Jenes ho und dieses -en weisen nun nebst jenem au, ou = ae. êow offenbar auf das westliche Mittelland hin, von wo sie in die Handschrift F eingeführt sind.

Diese Erklärung, Einführung aus einem anderen Dialekte, scheint mir für au = êow im Ayenb. of Inw. wieder nicht auszureichen. Hier hat eine selbstständige Tonerhöhung von ou zu au stattgefunden, in Übereinstimmung mit au = âw, s. oben. William de Shoreh. sichert au nicht durch den Reim 159. 164 : knowe : trowe.

Zum Überflufs will ich jetzt noch einige Beispiele für ae. êow = au aus einem Einschiebsel von 466 Versen des Cott. ms. des Cursor Mundi III. Teil S. 985 ff. zusammentragen, cf. 198. 202. 306. Da hier alle âw, âg gleichfalls = au sind (110. 343. 448. 413), so haben wir in knaw : traw 372 einen ganz korrekten Reim. Auch dies Einschiebsel zeigt im übrigen einen Mischdialekt an : ae. â = ôô; ea vor ld = ôô, â; scho, seltener ho u. s. w.

Bisher haben wir konstatiert. dafs ein Wechsel von au und ou für ae. êow, og westmittelländischen Denkmälern eigentümlich ist. Kommt er in anderen Denkmälern, ausgenommen in kentischen, vor, so beruht er auf Einführung aus dem westlichen Mittellande.

Wir sahen oben, dafs ae. *âw, ây* im westlichen Mittellande zugleich die Diphthonge *oŭ* und *oă* liefert. Ich be-
haupte, jener Wechsel von *au* und *oŭ* = ae. *ĕow, oy* ist an
diesen von *aă* und *oŭ* = ae. *âw, ây* gebunden. Es ist ein
Fall von Analogiebildung. wenn *oŭ* = *ĕow, og* vielfach in *au*
übergieng. *oŭ* = *âw, ây* und *oŭ* = *ĕow, og* waren der Qualität
nach einander gleich. Für ae. *âw, ây* bestanden Doppelformen
mit *au* und *oŭ*. So bildeten sich auch für *oŭ* = *ĕow, og*
Doppelformen, neben dem ursprünglichen *ou* auch *aŭ*.*) Das
aus ae. bezw. an. *ôw, ôy, ôh* hervorgegangene *oŭ* hat diesen
unwillkürlichen Wandel nie mitgemacht. Es mufs daher
jenes *oŭ* = ae. an. *âw, ây, ĕow, og* einmal seiner Quantität
und Qualität nach grundverschieden gewesen sein von diesem
oŭ = ae. an. *ôw, ôg, ôh*.

Dies ist nicht schwer zu beweisen. Ae. *â* gab im Mittelenglischen, wie bekannt, *ŏŏ*; ae. *ô* blieb *ŏŏ*. Beide reimen
nie miteinander, Ausnahmen bei Chaucer s. ten Brink Ch. § 31.
Noch im heutigen Englisch sind sie grundverschieden voneinander, insofern *ŏŏ* über *ŏŏ* hinaus gewöhnlich *ou* (W. Vietor,
Phonetik § 42) geworden ist, *ŏŏ* dagegen durch Cirkum-
flexion *ou* (Diss. S. 45) und durch spätere Monophthongierung *u*,
gekürzt *u*, ergeben hat. me. *ŏŏ* + *u* und *ŏŏ* + *u* lieferten
also anfangs die grundverschiedenen Diphthonge *ŏŏŭ* und
ŏŏŭ, die bald nach ihrer Entstehung naturgemäfs zu *ŏu* und
oŭ verkürzt wurden. ten Brink Ch. § 46. Anm. Nunmehr
mufs sich von *o* + *g* und *ĕow* beweisen lassen, dafs sie bei
ihrer Auflösung in Diphthonge gleichfalls beide *oŭ* ergaben,
wenn jene Analogiebildung ihre feste Stütze erhalten soll.
Ae. *o* wurde im Mittelenglischen *ŏ* oder *ŏŏ* oder schwebendes *ŏ*.

*) An eine allgemeine Erhöhung von *oŭ* = ae. *âw* zu *aŭ* wie im
Ayenbite of I. ist in nordwestmittelländischen Denkmälern füglich nicht
zu denken. Warum aber gerade im Norden des westl. Mittellandes diese
Analogiebildung eingetreten ist, und warum nicht auch im Norden des
östlichen, wo die Verhältnisse in bezug auf *oŭ* und *aŭ* = ae. *âw, âg* ähnlich lagen, kann ich vor der Hand nicht angeben. Eine Entlehnung von
au = *ĕow, og* aus dem Süden anzunehmen verbietet das Fairf.-ms. des Cursor M.

Bei *og* haben wir die Wahl, ob wir die Diphthongbildung noch zur Zeit des *ŏ* oder später annehmen. Dafs sie zur Zeit des *ŏ* stattgefunden haben mufs, geht unter anderem schon daraus hervor, dafs *a + y* im Süden Englands nicht *au*, sondern *ŏu* geliefert hätte, wenn die Diphthongbildung der Dehnung des *a* in offener Silbe nachgefolgt wäre. Dagegen bei *ŏw* müssen wir nachweisen können, dafs *o* kurz war, da wir bei der Voraussetzung eines langen *o* zwischen *ŏŏ* und *óó* schwanken müfsten.

Dieser Beweis ist in der That mit einiger Sicherheit an der Hand der Schreibweise im Ormulum zu führen. Dem Glossar von White und Anglia VII. Anz. S. 188 zufolge kommen bei Orm folgende englische Wörter mit *w*, *ww* bei vorhergehendem Vokal vor:

awwenn	*hewe*	*strawwenn*
bœwenn	*lawe*	*tawwenn*
bireowwenn 1	*lawedd*	*toblawenn*
birewenn 3	*lawedd*	*treowwess* 4
birewwenn 1	*newe*	*trewwess* 1
chewwenn 3	*orrtrowwe*	*trowwe*
clawwess	*orrtrowwthe*	*trowwenn*
cnawenn	*reowethth* 3	*thœw*
cnewwe 5	*reowwsummd* 1	*theoww*
dœw	*reowwsunnge* 2	*thewww*
dœwenn	*rewwsinny* 2	*theowwdom*
fœwe	*rodetreowwess* 1	*theiwwdom*
flowenn	*sawenn*	*theowwtenn*
fowwerr	*sawle*	*theiwwtenn*
fowwerrtiz	*shœwenn*	*throwwinnge*
glowenn	*slaw*	*unnawwwedd.*

Orm schreibt also nach *â*, *œ*, *ŏ* (mit Ausnahme eines einzigen Falles. Schreibfehler?), *êu* stets *w*, dagegen nach *êo*, wenn *ŏ* abgefallen war (ten Brink Ch. § 49 Anm. 2), stets *ww*; wenn *ŏ* beibehalten und *o* ausgefallen war, *ww* und *w*. Bezeichnete *w* in jedem Falle Länge, *ww* Kürze des vorher-

gehenden Vokals, so bliebe die doppelte Schreibweise nach
e und *eo* unerklärt. Warum sollte *ê* in *êow* vor dem Über-
gange zum Diphthonge *eu* schon verkürzt sein? Diese
Annahme stände mit der Behandlung aller anderen langen
Vokale + *w* im Widerspruch. Drückten ferner *w* und *ww*
in jedem Falle *u* aus, hätte also in allen obigen Beispielen
bereits Diphthongbildung stattgefunden, was im Ormulum.
verglichen mit anderen gleichzeitigen Denkmälern, schon an
sich sehr unwahrscheinlich wäre, so müfste doch auch in
diesem Falle *w* Länge, *ww* Kürze des ersten Vokals noch
nebenbei anzeigen sollen. Warum dann *ê* allein seine Länge
so oft eingebüfst haben sollte, wäre wiederum nicht einzusehen.

Man kommt über die vorhandenen Schwierigkeiten am
besten hinweg, wenn man in obiger Liste in *w* stets den
Konsonanten, in *ww* bald den Vokal *u*, bald den Doppelkonso-
nanten sieht, der Kürze des vorhergehenden Vokals andeuten
soll. Einen Diphthong haben wir bei Orm. jedenfalls in den
nomm. prop. *Awwstinn*. *Ewwticum*; ferner in *clawwstremann*;
in den aus dem Altnord. entlehnten Fremdwörtern *dowwnenn*.
nowwt, *rowwst*. *sowwthess* (Brate: Nordische Lehnwörter im
Ormulum. Diss. Upsala. 1884). Einen Diphthong haben wir
auch in denjenigen englischen Wörtern zu suchen, in denen
w nach *êo* ursprünglich im Auslaute stand. *w* im Inlaute
dagegen nach *êo* ist noch als Konsonant erhalten. so gut
wie nach *êa* und allen Vokalen. Daher *cnewwe*, *trewwes*,
theoww *theww* = *eu*. Übertragung und Konfusion in der
Schreibweise mag hier oft genug stattgefunden haben. In
newe hat *w* so gut konsonantischen Wert wie in *cnawe*, *daw*,
Pawel u. dgl. Kürze des vorhergehenden Vokals bezeichnet
ww jedenfalls in *awwnenn* (*êawjan*). *clawwess* (*claww*, nicht *clâww*,
wie bei Skeat, Dictionnary. worauf auch ne. *claw* hinleitet)
strawwenn (*strêawjan*). *tawwenn* (*tawjan*) und so auch in
trowwenn, *trowwthe*. Vor *w* im Inlaut hat sich ein *u* nach
allen Vokalen zu gleicher Zeit entwickelt, ten Brink Ch.
§ 46 Anm. Überdies würde *trowwenn*, wenn bei Orm schon

mit *oŭ* gesprochen, im Neuenglischen höchst wahrscheinlich nicht *troŭ*, sondern entweder *trā* oder *traŭ* lauten. Wie dem auch sei, jedenfalls läfst sich schon aus der gleichen Behandlung von *êow* und *og*, weiterhin von *âw*, *âg*, schliefsen, dafs *o* in beiden Fällen dasselbe, - = *ô*, gewesen sein mufs. Freilich nicht in allen Texten — und das darf hier nicht unerwähnt bleiben in denen *êow* teils *aŭ*, teils *oŭ* zeigte, läfst sich *og* gleichfalls durch *au* und *ou* vertreten. Eigentlich nur im Sir Gaw. und den All. Poems ist eine genügende Anzahl von Wörtern mit *aŭ* = *og* belegt. Ich weifs nicht, ob in The Destr. of Troy je ein ähnliches Beispiel vorkommt. *oŭ* steht z. B. 2375. 5726/8 *(boga)*. 5882. 6185. 6193 *(boga-man)*. 878. 913. 2054 *(an. log)*. Im Ayenbite of I. finde ich nur *boze* 45. 174, nie *bawe*. In diesem Denkmal vergleicht sich *âw* mit *êow* = *aŭ*, *âg* mit *og* = *ou*. Hier ist wieder an die spätere Entwickelung eines *u* aus inlautendem *w* zu erinnern, S. 55. Im Cursor M. ist 2 Male *werlau (werloga)* durch den Reim gesichert. 9053 : *werlau* : *lau (lagu)* C F G (nur T dafür : *lau* : *drawe*, natürlich!). 23746 : *warlau* : *au* (an. *agi*) C F G T (in T nicht verstanden : *wer lawe*) und Edinb. ms. Auch im Versinnern ist *warlaŭ* häufig. 23268 C G. 22275 C F G Edinb. ms. 7663 C F G. 22381 C F Ed. ms. *Warlau* erwarten wir eigentlich nur in F, zur Not auch in C, am allerwenigsten aber im Reime, wonach selbst der Dichter *aŭ* gesprochen haben mufs. Entweder ist *warlau* vom benachbarten Westen her eingedrungen, oder, was wahrscheinlicher, in tiefbetonter Silbe trat Verwirrung ein. *warlau* hat auch Morte Arthur, der sonst weder *og* = *aŭ*, noch *êow* = *aŭ* kennt; cf. 613. 948. 958, neben *warloŭ* 1140 u. s. w. Mit me. *warlau* vergleiche man me. *felaŭ* und *feloŭ* (an. *fêlagi*) = ne. *fellow*.*)

---

*) Von dem Wechsel von *oŭ* und *aŭ* = ae. *êow*, *og* in den Dialekten hängt anscheinend auch der Wechsel von *oŭ* und *aŭ* = an. *ŏŭ*. urgerm. *aŭ* ab. Nur *louse* (Anglia VII Anz. 152) bei Hampole, *lause* und *louse* im Sir Gaw., den All. Poems. in The Dest. of Troy.

Wir wenden uns zu den Diphthongen *au* und *ou*, entstanden aus ae. *êaw*, *êah*. Dafs im Mittelenglischen der Vorläufer von *êa* = *òò̈ w* gewesen ist, und dafs nicht etwa ein Umspringen des Accentes stattgefunden hat, scheint mir nach ten Brink Ch. § 49 kaum mehr zweifelhaft zu sein. Dieses *w* wurde *ā* (bezw. *ē*) und machte als solches die Verdumpfung zu *òò̈* mit, oder beharrte, je nach dem Dialekte. Demnach verteilt sich *au* und *ou* == ae. *êaw* genau wie *au* und *oü* = ae. *âw*, *âɣ*. Also bei Chaucer immer *ou*, bei Hampole, im Cursor M. (C F G) immer *au*, im Sir Gaw., in den All. Poems *aü*, seltener *oü* u. s. w. cf. Curs. M. *shawe* : *awe* (an. *aɣi*) 7227. 14416. *scau : lau (laɣu)* 17504. 18485.

Für *êah* == *aü (oü)* weifs ich nur *thêah* conj. anzuführen. *hah = hêah* begegnet ganz vereinzelt z. B. Life of St. Katherine (ed. Einenkel E. E. T. S.) 19. *thau* und *thoü* halten keineswegs im Mittelengl. gleichen Schritt mit *aü*, *oü = âw*, *âɣ*, *êow*, *oɣ*. Man ist häufig gezwungen, entweder Übertragung der Konjunktion von einem Dialekte in den andern von Seiten des Dichters oder des Kopisten vorauszusetzen, oder eine andere Etymologie aufzustellen. Angenommen, Übertragung habe nicht stattgefunden, so geht *thah, thaz* z. B. im Poema morale, Life of St. Kath., Hali Meidenhad, St. Juliana natürlich auf *thêah* zurück. Dies *thaz* ist höchst wahrscheinlich mit kurzem *a* zu lesen. Denn es ist bei William de Sh. und im Ayenb. of Inwit nicht zu *òò̈* verdumpft, *thaz*. Nehmen wir in *thaz* kurzen Vokal an, so könnte *thaz* (daneben kaum *thoz*, s. Diss. S. 49) im Sir Gaw. und den All. Poems ebenfalls auf *thêah* zurückgeführt werden, aber auch auf mndd. *thoh*, das ten Brink dem Chaucerschen *though* zu Grunde legt. *thohh, thoz, thof* im Ormulum, bei Hampole, im Cursor M. (C F G Ed. mss.) kann auf keinen Fall die Fortsetzung von ae. *thêah*, sondern mufs andern Ursprungs sein, nach Brate a. a. O. an. **thô*. Auch ten Brinks *thoh* pafst.

Interessant ist es zu sehen, wie sich die Diphth. *aü*, *oü* für ae. *êaw*, *êow*, *êah* einerseits, *eü* bezw. *eɩ* andrerseits auf

die einzelnen Dialekte verteilen. *thez, theiz, they* gehört dem
südöstlichen Mittellande an und hat gelegentlich seine Grenzen
erweitert. *thah, thaz,* auch *thoz* (= mndd. *thoh*) finden wir
im Westen und Osten (Kent) des südlichen Dialekts. Im
südwestlichen Mittellande, da wo der Westen des südlichen
Dialekts und das östliche Mittelland zusammentreffen, begegnet *thez, they, thaz, thoz.* So im William of Palerne und
den Alexanderfragmenten (ed. Skeat). Nach Norden hin (Piers
Ploughm., Sir Gaw., Allit. Poems) verschwindet *thez, they* gänzlich, hier herrscht *thaz (thoz)*, im nördlichen Dialekte *thoz.*

Das Gebiet für *aŭ, oŭ = ȟow, ȟaw* gegenüber *eŭ* läfst
sich nicht so genau abgrenzen. Man kann nur im allgemeinen
sagen, je weiter nach Norden, um so mehr nimmt *oŭ* bezw.
aŭ zu. Im südlichen Dialekte, besonders im Südosten, macht
die Schreibweise *ea, eo* die Entscheidung, ob *eŭ*, oder *oŭ, aŭ,*
in vielen Fällen zweifelhaft. Doch gewöhnlich hat man *eŭ*
zu lesen, da *ea, eo* auch altes *ŭ, æ, ê* vertritt. *traŭ* (= Baum)
im Ayenb. of I., *troŭ* bei Will. de Shoreham ist das einzige
(sichere) Beispiel für *ȟow = aŭ, oŭ* im Kentischen. Im Süd-
westen des südlichen Dialekts treten schon sehr früh -- in
den wiederholt citierten Legenden St. Kath., Jul., Marh. —
Formen wie *fowr, trowen, trowthe* auf.

II.

Vor *-ht* hat in keinem me. Dialekte je ein Wechsel
zwischen *oŭ* und *aŭ*, wie wir ihn eben kennen gelernt haben,
stattgefunden. Die Bedingungen, unter denen wir jenen
Wechsel sich vollziehen sahen, fehlten gänzlich. Lange Vocale
wurden vor *-ht*, lange bevor ae. *â* in me. *ȯ* überging, verkürzt, *â* zu *a; ư* zu *ŭ, a; ȯ* zu *o*, das damit bald auch offen
wurde. Wir finden schon im Poema morale (ed. Morris,
Homilies I.) 183: *brochte : bohte.* Formen, in denen der lange
Vokal offenbar gewahrt wurde, sind sehr selten. Anglo-Saxon
Chronicle (ed. Thorpe) 383: *beteht.* Homilies (ed. Morris 1873)
31: *teihte.* Ayenbite of I. 96, 149: *tozte (*tâhte).* Es exi-

stierte demnach für den Diphth. *oŭ* vor *-ht*, hervorgegangen
aus *o*, *ô*, kein Vorbild, wie für *og*, *êow* == *ou*, das ihn zu *aŭ*
hätte herüberziehen können. Wo *aŭ* neben *oŭ* auftritt, sind
entweder im Altengl. Doppelformen vorhanden, wie für me.
nauȝt, *noŭȝt* == ae. *nâht*, *nôht*, oder man mufs zu einer ander-
weitigen Erklärung seine Zuflucht nehmen. So bei der häufigen
Nebenform *wrazte* statt *wrozte*, v. *wyrcan*. *wrahte* drängt
wrohte in südwestlichen Dialekten um 1200 fast ganz zurück.
cf. Life of St. Katherine 282. 369. 922. 1068. 1071. 1133. --
Hali Meidenhad (ed. Cockayne. E. E. T. S.) 27. 31. -- St
Juliana -- Wohunge of ure Lauerd (ed. Morris, Homil. 1867)
271. -- Saules Warde (ibd.) 249. Im Reime ist *wrazt* belegt
bei Morris, Old E. Miscellany, 90₇: *wrauht : jaht : strauht*; in
The Pearl 52: *wrazte : sazt (seaht) : fazt.*

Um 1200 hatte vor *-ht* noch keine Diphthongbildung
stattgefunden. Das *a* hat sich offenbar in *wrohte* eingeschlichen,
als die Form noch *worhte*, **weorhte* lautete. Daraus wurde
ebenso korrekt *warhte*, wie in den obigen Denkmälern (ausgenommen The Pearl und Miscellany 90 ff.) aus *morgen mergen*,
worthscipe u. dgl. *marhen*, *warshipe* geworden ist. Auch *brahte*,
Homilies (ed. M. 1873) 161, ist, falls richtig überliefert, so
zu erklären *(brôhte == brôhte == *bôrhte == *beorhte).* Über
ein Umspringen des *r* in südlichen Gegenden s. Morris, Einleitung z. Ayenbite S. 3.

Für ungenaue Reime halte ich im King Alisaundre (ed.
Weber) 4534: *bycought (== caught): bysought*; im Sir Ferum-
bras (ed. Hertage) 2760: *thohte : caughte*; bei Will. de Shoreham
164: *bycouzt : forbouzt.* Sie beweisen nur, dafs *ou == -oht*,
-ôht stets ein offenes *o* hatte, welches einen Reim mit *aŭ*
zur Not wohl eingehen konnte. Im King Alis., Sir Fer., bei
W. de Shoreham sind falsche Reime, im King Alis. auch
blofse Assonanzen nicht selten.

Für einen unreinen Reim möchte ich auch Sir Ferum-
bras 2407: *tahte : sahte (sôhte)* halten, dagegen scheint bei

W. de Shoreham 82: *touztest* : *forbouztest* den beiden obigen Belegstellen für *tozte* im Ayenb. of I. zufolge ganz korrekt zu sein.

Eine Fortsetzung dieses kleinen Aufsatzes, den Zeit und Raum nicht gröfser werden liefsen, könnte sein: „Über den Wechsel von *oä* und *a* im Mittelenglischen." Dem Bearbeiter dieses interessanten, aber auch höchst schwierigen Themas, der sich gleichwohl hoffentlich bald finden wird, glaube ich keinen unwesentlichen Dienst geleistet zu haben. Denn er erhält über die bisher zweifelhafte Natur des *o* in *êow* Aufschlufs, mag er nun me. *ðä* = *êow* lieber nach *ðä* = ae. *îw* oder nach *ðä* = ae. *og* bestimmen wollen.

Weetzen, im September 1886.

Dr. Knigge.

Eine altfranzösische Handschrift auf der Hamburgischen Stadtbibliothek.

—

Wenn ich im Folgenden die Beschreibung einer auf der Hamburgischen Stadtbibliothek befindlichen altfranzösischen Papierhandschrift veröffentliche, so löse ich damit auch ein Versprechen ein, welches ich der Verwaltung der genannten Bibliothek schon vor mehreren Jahren gegeben habe. Zugleich kann ich es nicht unterlassen, derselben für die Liberalität, mit welcher sie mir die Benutzung der Handschrift sowohl in Hamburg als auch noch hier in Hannover gestattet hat, auch an dieser Stelle meinen wärmsten Dank auszusprechen. Desgleichen fühle mich dem Königl. Rate und Bibliothekare Herrn Ed. Bodemann hierselbst zu besonderem Danke verpflichtet, der nun schon zum zweitenmale in zuvorkommendster Weise es übernommen hat, die Handschrift auf der hiesigen Königlichen Bibliothek aufzubewahren und mir auf diese Weise hier zugänglich zu machen.

Die einzige mir bekannte Mitteilung über die Existenz und den Inhalt des Ms. findet sich in Christian Petersens Geschichte der Hamburgischen Stadtbibliothek. Hamburg 1858. 8⁰. Seite 244.

Das Ms. stammt, wie schon aus dem auf der inneren Seite des vorderen Umschlages eingeklebten gedruckten Zettel ersichtlich ist, „ex Bibliotheca Hamburgensi Wolfiana". Auf derselben Seite steht aufserdem noch unten in der rechten Ecke der Name „Wolf" mit zitternder Hand eingetragen. Aus den Schriftzügen läfst sich sofort die Hand des jüngeren der beiden Gebrüder Wolf, des Prof. Johann Christian Wolf[1]) erkennen; das Ms. muß also aus dessen Bibliothek herrühren.[2]) Ob Wolf dasselbe auf seinen Reisen durch Deutschland, Holland und England in den Jahren 1707 und 1716[3]) irgendwo käuflich erworben, oder ob es aus der Uffenbachschen Handschriftensammlung stammt, welche er 1749 ankaufte[4]). läßt sich nicht nachweisen, da es weder in den in Hamburg aufbewahrten Katalogen der Wolfschen noch in denen der Uffenbachschen Bibliothek[5]) verzeichnet ist, so daß man also von den einzigen mir bekannten höher hinaufreichenden Hilfsmitteln vollständig im Stiche gelassen wird.

Der Inhalt des ganzen Bandes ist außen auf dem Rücken zusammenfassend bezeichnet als „Varia Gall. Mss.“

Die innen befindliche speziellere Inhaltsangabe von Wolfs Hand ist nicht ausreichend. Dieselbe lautet:

1. Roman de Ponthus, manu ant.
2. Poema gallicum fabulosum, — —
3. Composition de la Scripture S. — —
4. Chappellet — —

Petersen, dem Wolfs Angabe offenbar als Grundlage diente, ist noch ebenso ungenau: er fügt, aber zum Teil unrichtig, noch die Seitenzahlen hinzu. Von wem die Pagi-

---

1) Über die Unterscheidung der Schriftzüge der beiden Gebrüder Wolf s. Petersen a. a. O. Seite 72, und die Faksimiles eb. auf Tafel 4.

2) Der ältere, Johann Christopher Wolf (1710 ao. Prof der Theol. in Wittenberg, 1712 Prof. der oriental. Sprachen am Gymnasium in Hamburg und von 1716 ab Hauptpastor an der Katharinenkirche daselbst, gest. 25. Juli 1739), vermachte seine reiche Bibliothek (40,000 Bde.) der dortigen Stadtbibliothek in einer Schenkungsurkunde vom 7. Juni 1793. (s. Petersen Seite 62 f.. 73 f.); der jüngere Johann Christian Wolf, Prof. der Physik und Poesie am Gymnasium in Hamburg, schenkte die seinige gleichfalls definitiv am 26. März 1767. (s. Petersen Seite 62 u. 75.) — Über die Gebrüder Wolfsche Bibliothek überhaupt s. Petersen Seite 62—78.

3) s. Petersen Seite 71.

4) s. Petersen Seite 72.

5) s. Petersen Seite 191, Anm. 3, und 243.

nierung des Ms. herrührt, ob schon von Wolf oder erst von Petersen, wage ich nicht zu entscheiden.

Seite 244 bei Petersen heißt es von unserem Ms.: „Cod. chart. Fol. 293 S. Altfranzösisch: 1. Roman de Ponthus, p. 1 —159; 2. ein unbekanntes Gedicht, p. 160—191; 3. Composition de la Scripture, p. 192—255; 4. Chappellet, p. 256—293." In Wirklichkeit enthält nun die Hs. nicht vier, sondern folgende sechs Stücke, deren Titel ich teils der Hs. selbst, teils anderen weiter unten näher zu bezeichnenden Quellen entnehme:

1. Ponthus, p. 1—159.
2. [La Chastelaine de Vergy], p. 161—191.
3. Composition de la saincte Escripture, p. 193—252.
4. Regres nostre Dame, p. 253.
5. Le chappellet de virginite, p. 255—292.
6. Le chemin et [la voye] de paradis, p. 293.

Die Handschrift bildet einen Band in Folio [28 : 20.5 Centimeter] und besteht aus 10 Lagen[1]) von verschiedenem Umfange und auch nicht gleichmäßigem Papier. Vorn und hinten befindet sich ein Blatt Pergament als Umschlag, vorn vor dem Ponthus noch ein zweites Blatt Pergament.

Die Seiten sind paginiert von 1—294; dabei ist jedoch unbemerkt geblieben, daß sich nach 24 eine Lücke befindet und daß das zu Seite 231/32 gehörige Blatt nach Seite 252 herausgerissen ist.

Seite 160, 192, 254, 294 sind unbeschrieben oder zum Teil beschrieben und bekritzelt. Ob einige von diesen aus späterer Zeit stammenden Schreibereien Notizen enthalten, die auf die Geschichte der Hs. Bezug haben, lasse ich dahingestellt, möchte aber doch nicht unterlassen, noch einige wenn auch vielleicht etwas kühne Vermutungen hier anzugeben.

---

[1]) Dieselben umfassen Seite 1—24, 25—52, 53—80, 81—108, 109 bis 136, 137—160, 161—192, 193—228, 229—256, 257—294.

Auf der inneren Seite des vorderen Pergamentumschlages
findet sich in grüner Farbe die Bibliothekssignatur *I. 19* und
auf dem folgenden Pergamentblatte *v.⁰* eine andere schwarz
durchstrichene Bibliothekssignatur *M y. I.*, gleichfalls in
grüner Farbe. Auf derselben Seite, sowie auf der inneren Seite des
hinteren Pergamentumschlages oben links scheint ein und
derselbe Besitzer seinen Namen eingetragen zu haben. An
ersterer Stelle findet sich außerdem noch in zwei Achtsilbnern
mit den Reimen *rante : vante* Schenkung, Kauf oder Verkauf,
wie es scheint, ausgedrückt. Der erste Vers beginnt: *Je donne;*
das übrige vermag ich nicht mit Sicherheit zu entziffern.

Seite 192 könnte wohl eine längere Jahreszahl stehen.
Darunter ist deutlich zu lesen:

> *a mon bon amy*
> *visaye de chapon roty.*

Seite 294 lese ich aus den langgezogenen Buchstaben
heraus: *Le tout fini.*

Ob die Worte *Par Lambert* auf der inneren Seite des
hinteren Umschlages nur als Kritzelei anzusehen sind oder
Bezug haben auf einen der vorhergehenden Texte, dürfte
schwerlich zu entscheiden sein.

Daß eine genauere Prüfung der betreffenden Stellen be-
stimmtere Resultate erzielen sollte, möchte ich fast bezweifeln.

Nicht unbemerkt darf ich lassen, daß Seite 255 Spuren
von Beschädigung trägt, die darauf hinweisen, daß diese
Seite längere Zeit die erste einer Hs. bildete und daß somit
die Texte unserer Hs. erst später zu einem Bande vereinigt
sein können.

Die Schriftzüge von Lage 1—7 [= „Ponthus“ und
„Chastelaine de Vergy“] dürften einer etwas früheren Zeit an-
gehören als die folgenden, die wiederum die verschiedenen
Texte mit verschiedenen Schriftzügen aufweisen. Text 5 und
6 sind von derselben Hand. Im ganzen glaube ich nicht

fehlzugehen, wenn ich die verschiedenen Handschriften der Mitte und dem Ende des 15. Jahrhunderts zuweise.

Hinsichtlich der Initialen stehen wiederum Stück 1 und 2 den übrigen gegenüber. Während nämlich in 3 und 5 die Initialen fehlen — 4 und 6 bieten überhaupt keine Gelegenheit zu deren Verwendung — und nur der Raum für weit kleinere als in 1 und 2 freigelassen ist, haben wir in Nr. 1 viele, in Nr. 2 freilich nur an zwei Stellen kunstvoll, meist mit Zirkel angefertigte Initialen, die gelb oder, allerdings nur einmal Seite 43 und zwar erst nachträglich, rot angepinselt sind. Auch sonst finden sich in Nr. 1 vielfach innerhalb des Textes Buchstaben gelb übergemalt, in Nr. 2 jedesmal die Anfangsbuchstaben der einzelnen Verse. Die vorhandenen grofsen, zum Teil über die ganze Seite reichenden Initialen sind oft ohne das Wort selbst, zu dem sie gehören, kaum zu entziffern. In Nr. 3 und 5 ist, da die Initialen noch nicht eingetragen sind, auch noch keine gelbe Farbe zur Anwendung gekommen.

Eigentümlich finde ich die häufige Verlängerung von Buchstaben zu Menschenköpfen oder Tiergestalten. Auch mag hier gleich erwähnt werden, dafs Seite 186 Zeile 2 und 20 statt des Wortes *cuer* ein Herz dargestellt ist.

Von den Texten Nr. 1, 2, 3 und 5 kann ich hier nur einige Textproben geben. Nr. 4, ein Fragment, und Nr. 6, einen vollständigen Text, drucke ich, da beide nur je eine Seite der Hs. umfassen, ganz ab.[1]) Die Bemerkungen zu den einzelnen Texten möchte ich nur als Kollektaneen zu der Hs. angesehen wissen, die, besonders in bezug auf Benutzung etwa vorhandener Hilfsmittel, durchaus keinen Anspruch auf Vollständigkeit machen können und sollen.

—

[1]) Abkürzungen habe ich aufgelöst: dieselben sind, ebenso wie grofse Anfangsbuchstaben, die etwa nicht im Ms. standen, durch kursiven Druck wiedergegeben. Zusätze von mir sind durch eckige Klammern bezeichnet. In runden Klammern Stehendes ist zu streichen.

1. Ponthus.

Anfang Seite 1:

Commencer vueil vne nouuelle hystoyre ou l'en puet apprendre
de moult de bien et de exempl[l]es que moult de jeunes gens deneroient
ouyr et entendre les bons fais et dis des anciens [1]) qui eurent moult
de bien et de honneur en leur temps, comme il aduint a vng
preudomme et loyal moult de pestilences, douleurs et de maulx.
Et fut au roy Tybor de Galice. Celuy auoyt espouse la suer au
roy de Arragon, moult bonne dame et de saincte vie. Si eurent vng
fils qui auoit nom Ponthus, le plus doulces enfant et le plus gracieux
qui onc fut veu en son temps; le roy, son pere, estoit moult proude
et simple. En celuy temps auint en Orient que le soudenc de
Babiloyne qui estoit moult de grant puissance d'auoir et d'armes,
si auoit quatre fils; donc il establit que l'aisne auroit son empire.
Et dist aux troys aultres beaulx cheualliers: „Enfans, ne vous
attendes point a nuls de mes heritages. Car je vueil et ordonne
que chascun de vous[2]) ait trente mille combatans et plus, lesquelx
je vous paieroy et soudaieroy decy a troys ans. Et vous bailleroy
nauire et tout ce qu'il vous fauldra. Et chascun de vous yra a
son aduenture conquerre pais et royaulmes sur les crestiens. Et
celuy de vos troys qui le plus la loy Mahommet et Jupin essaucera,
sera le mieux venu et de moy le plus chier tenu et luy donneroy
le plus de mes biens et de mes grans tresors. Si voirroy et ourray
qui le mieux se esprouuera et qui mieulx conquerra."

Schlufs Seite 159:

Le roy Ponthus et la roygne Sydoine vesquirent longuement
et regnerent au plaisir de leur pueple et puis quant ils eurent
vesquu le cours de nature et tant comme il plenst a Dieu, si tres-
passerent moult sainctement.

Finitur Ponthus.

Auf dieses letzte Wort *Ponthus* folgt noch eine Art
Monogramm, welches für mich indes nicht zu entziffern ist.
Aus dem Schlusse sehen wir also, dafs der Titel des ganzen
Prosaromanes „Ponthus" gewesen ist. Sonst finden wir auch

---

[1]) Im Ms. ist noch einmal wiederholt: *les bons fais et dis des anciens.*
[2]) Vor *ait* ist im Ms. ein zweites *ait* bereits getilgt.

„Le roy Ponthus" oder „Ponthus et Sydoine" oder noch ausführlicher „Le Roman (oder „Le livre) du noble roy Ponthus,
filz du Roy de Galice, et de la belle Sidoine, fille du roy de
Bretaigne."
Handschriften unseres Romanes in Turin, Paris, Lyon.
London finden sich verzeichnet bei Edm. Stengel, Mitteilungen aus französ. Handschriften der Turiner Universitäts-
Bibliothek. Marburg 1873. p. 39. Die von Pasini (Codices
manuscripti Bibliothecae Regii Taurinensis Athenaei, Turin
1749, II. p. 461 – 63) aufgeführten Mss. (nach alter Bezeich-
nung XI g I 1, XIII g I 3, XIV g I 5) scheint Stengel über-
sehen zu haben.

Über Drucke des Ponthus s. Brunet, Manuel du libraire.
5° éd. 1863 s. v. Ponthus und Supplément II s. v. Ponthus.
Betreffs des auch von Brunet als Editio princeps angeführten Druckes, Genf 1478, verweise ich auf die Besprechung
dieser Ausgabe von Gaullieur, Etudes sur la typographie
Genévoise, Genéve 1855, p. 66 ss. Gaullieur datiert dieselbe
zw. 1478 und 1480.

Eine andere Ausgabe ist erwähnt in der Einleitung zu
einer deutschen Übersetzung des Ponthus in Büsching und
v. d. Hagen, Buch der Liebe. Berlin 1809, I, p. XLV: „Auf
der Universitätsbibliothek zu Göttingen befindet sich in Alt-
französischer Sprache: le lêure de Ponthus, 4. o. J. u. O."

Für die Bereitwilligkeit, mit welcher die Verwaltung
der Göttinger Universitätsbibliothek mich diesen Druck
längere Zeit hat benutzen lassen, bin ich derselben besonders
dankbar. Der Titel ist folgender: S'Ensuyt le liure de Ponthus
filz du roy de Galice et de la belle Sidoyne fille du roy de
Bretaigne. Nouuellement Imprime a Paris par Alain Lotrian
demourant en la rue neufue nostre dame u lenseigne de lescu
de France. Der Schlufs lautet: Cy finist lhystoire du noble
roy Ponthus filz du roy de Galice. Et de la belle Sidoyne
fille du roy de Bretaigne Imprime nouuellement a Paris par

*Alain Lotrian Imprimer et libraire Demourant en la rue neufue
nostre dame a lenseigne de lescu de France.*

Die Ausgabe ist ausgestattet mit 12 Holzschnitten, von
denen fünf ein Mal, je zwei zwei und drei Male, je einer
vier, sechs und sieben Male verwertet ist, so dafs im ganzen
32 Illustrationen vorhanden sind.

Aufserdem sind die einzelnen Kapitelanfänge mit gröfseren
Initialen versehen, und jedem Kapitel ist eine kurze Inhaltsangabe vorausgeschickt, wie wir sie in den deutschen Übersetzungen des Ponthus finden.

Der Druck ist ohne Datum; doch läfst sich die Zeit
ungefähr bestimmen, da wir nach Brunet, Manuel du libraire,
I. s. v. Aesopus, wissen, dafs Alain Lotrian in den Jahren
1530—44 gedruckt hat. Der Druck sieht allerdings älter
aus; doch hat man für Volksbücher, wie dieses, gern alter-
tümliche Typen angewendet.

Brunet bemerkt s. v. Ponthus: „*Une édition de Paris,
Alain Lotrian, sans date, in - 4° goth., de 58 ff. se conserve
dans la bibliothèque royale de Stuttgart.*" In Stuttgart bei
Herrn Oberbibliothekar Dr. W. Hayd von mir eingezogene
Erkundigungen haben meine Vermutung, dafs sich in Göttingen
und Stuttgart je ein Exemplar derselben Ponthusausgabe
befinden, bestätigt.

Eine Analyse des französischen Ponthus findet sich
bei Gaullieur a. a. O.

Der Ponthusroman geht bekanntlich auf den Roman von
Horn zurück, indem dabei in eigentümlicher Weise sämtliche
Namen, sowohl die Personen- als die Ortsnamen, verändert
sind und indem hauptsächlich darauf gesehen ist, dafs keine
Handlung darin unmotiviert erscheint. Die Quellenfrage
vermag ich hier nicht ausführlicher zu behandeln. Der
Roman ist im Mittelalter aufserordentlich beliebt gewesen.
Dafür sprechen die häufigen Citate[1]) und die vielen Hand-

---

[1]) s. v. d. Hagen, Minnesinger, Lpz. 1838, IV 886 Anm. und 596
Anm. 5.

schriften und Drucke. Wir finden ihn nämlich übersetzt
ins Englische[1]), Deutsche[2]), Niederdeutsche[3]) und Holländische[4]).

Unser Hamburger Ms. enthält nach Seite 24 eine Lücke
von offenbar 4 Seiten. Dieselbe entspricht Büsching u. v. d.
Hagen, Buch der Liebe, Seite 301. Z. 14 bis Seite 306. Z. 24.
Schliefslich führe ich noch einige Verse an, die sich
in unserem Prosaromane vorfinden:

[Seite 37. Z. 22.] Si estoit vng jour en la forest moult pensif
et moult merencolieux. Si escoutoit le chant des oyseaulx en moys
d'auril qui moult estoit delicieux. Si fist vne chanson ou il auoit
en reffrain:

Le chant d'oyseaulx nulle voye
ne me peult reconforter,
quant la belle que tant amee
me voulsist d'ele estranger.[5])

2. La Chastelaine de Vergy.

Dieser in Achtsilbnern verfafste kleine Liebesroman ist
von Wolf, dem früheren Besitzer des Hamburger Ms. (s. oben
Seite 67), nur als „Poema fabulosum" bezeichnet. Ich
erkannte alsbald, dafs derselbe bereits unter obigem Titel
„La Chastelaine de Vergy" nach Pariser Hss. vollständig

---

[1]) s. u. a. Brunet s. v. Ponthus, ferner Fr Michel, Roman de
Horn et Rimenbild, p. LVIII, note 1, und Wifsmann, King Horn, Strafs-
burg 1876, Seite 123 ff.

[2]) s. Büsching u. v. d. Hagen, Buch der Liebe, p. XLVI; Wacker-
nagel, Gesch. der deutschen Litteratur, 2. Ausg. von E. Martin, I 455;
Gödeke, Grundrifs zur Gesch. der deutschen Dichtung, 2. Aufl., 1884,
Seite 355 f.

[3]) s. Gödeke a. a. O., Seite 466.

[4]) s. Mone, Übersicht der niederländischen Volkslitteratur älterer
Zeit, Tübingen 1838, Seite 77 Anm.

[5]) Das Göttinger gedruckte Exemplar D. II v⁰ Spalte 1 hat als
Refrain:

Chant des oyseaulx ne nulles ioyes
ne me peuent reconforter
quant celle que tant iaymoye
me reult du tout estranger.

Den Text korrekt herzustellen habe ich aufgeben müssen.

veröffentlicht worden ist bei *Barbazan et Méon, Fabliaux et Contes IV, 1808, p. 296—326.* Histoire littéraire de la France, XVIII. 1835, pag. 779—786. liefert eine vollständige Analyse. Seite 779 ist der Roman treffend charakterisiert als *„un petit poème roman qui, par la délicatesse des sentiments, et la décence du style, contraste singulièrement avec ces productions poétiques en bien plus grand nombre où de brutales passions sont exprimées dans le plus grossier langage.“* Er stammt aus den ersten Jahren des 13. Jahrhunderts.

Die Kastellanin von Vergy ist oft genug Gegenstand eingehender Untersuchungen gewesen, da man dieselbe in grundloser Weise mit dem grausamen Kastellan von Coucy in Verbindung zu bringen suchte [s. G. Paris, La légende du Châtelain de Coucy dans l'Inde in Romania XII, 1883, p. 359—363].

Die Bedeutung, welche die „Chastelaine de Vergy“ für die Litteraturgeschichte. hat, veranlaßte in mir den Wunsch, eine Ausgabe dieser Dichtung nach sämtlichen Handschriften vorzubereiten. Die von Paulin Paris. *Les Manuscrits françois de la bibliothèque du roi, Paris 1836—42,* aufgeführten Mss. Nr. 6987 [1]) (heute Nr. 375), Nr. 7 1883 (heute Nr. 780)[2]) und Nr. 7218 (heute Nr. 837)[3]) hat Herr Oberlehrer Merz (Rappoltsweiler) während seines Aufenthaltes in Paris 1882,83 für mich kollationiert und mir in uneigennützigster Weise seine Kollation zur Verfügung gestellt. Von dem Genfer Ms. Nr. 179?[4]) hat Herr Prof. Ritter in Genf bereitwilligst für eine neue Ausgabe eine Kollation zugesagt. Andere Handschriften habe ich bisher noch nicht bekommen können.

[1]) Paulin Paris, Les Mss. franç. III, p. 226.
[2]) ib., VI. p. 155.
[3]) ib.. VI. p. 404.
[4]) s. Eug. Ritter in dem Bulletin de la Société des anciens textes français 1877. pag. 87, nᵒ· 7.

Über alte Ausgaben der „Chastelaine du vergier" s.
Brunet. a. a. O., s. v. *Chastelaine.*

Die Hamburger Hs. umfafst 934 Verse gegen 960 bei
Barbazan und Méon.

Anfang: Seite 161.

Ungnes magnieres de gens sont
   Qui d'iestre loyaulx semblant font
   Et de si grant consail celer
   Qu'il se conuient en eulx fier;
Et quant vient que l'eu si descueure
Tant qu'ils scaiuent et jour et l'eure,
Sy l'espandent par tout le pais
Et en font leurs jeus et leurs ris.
Sy aduient que cil joye en pert
Qui le consail a desconuert.
Car tant que l'amour est plus grant
Est plus marri le fin amant.
Car quant vng d(,e)'eulx de l'austre voit
Qu'il a dit ce que celer doibt,
Et souuent tel meschief en vient
Que l'amour faillir en conuient
A tresgrant duel et grant vergoigne,
Sy com il aduint en *Bourgoigne*
D'ung cheualier preux et hardy
Et de la *Dame* du *Vergy*
Que le cheualier tant proia
Que la dame luy octria
Par ytel conuenant s'amour
Qu'il sceult que a l'eure et au jour
Que par luy seroit desconuerte,
[Seite 162.] Leur amour yroit a grant perte
   Et de l'amour et de l'octroy
   Qu'elle luy auoit fait de soy.

Seite 171 Z. 1.[1)]

   Quant o luy ne la peult mener,
   Comme pourra sans ley durer?

[1)] = Barbazan et Méon 289-302

Lors est en cest point tout aussi
Com la chastelaine du coussi[1])
Qui n'auoit au cucur sauoir non,
Dist en vng vers d'une chanson:
„Par Dieu amours grief considerer
„Du douls soulas et de la compaignie,
„Et des semblans que m'y souloit moustrer
„Celle qui m'est et compaigne et amye.
„Quant je regard la doulce courtoysie
„Et les douls mots qu'a moy soulloit parler.
„Comme me peult le cuer en corps durer,
„Quant il le pert, son douls soulas et aye?“

Schlufs: Seite 190, 18.[2])

Donc fut la court toulte troublee
Et trestous ceulx de la contree
Les chevaliers qui la estoient,
Qui grant joye menee auoient
Et le duc si dist aussi toult
Ouyans tous ceulx qui ouyr voult
Trestout l'afaire enmy la court
Et leur a compte l'achaison
Et trestoulte la trayson
Et puis mena pestis et grans
Pour regarder les II amans.
Arriere fut la douleur grant
Quant il n'eult ne vueil ne enfant
Qui se peust tenir de plourer.

[Seite 191.] Et l'endemain fist enterrer
Les deulx amans a vne part.
A grant douleur la court depart;

---

1) Eigentümlich ist, dafs bei dem obigen Citate unserer Hs. aus den
Liedern des Castellans von Coucy die Kastellanin genannt ist.
Übrigens ist damit auch der Vers zu lang. Die übrigen Hss. nennen da-
gegen den Kastellan. — Das Citat mag zugleich als Ergänzung zu
Fath. Die Lieder des Castellans von Coucy. Heidelberg 1883, dienen.
Diese Ausgabe ist mir augenblicklich nicht zur Hand; ich vermag daher
nicht genauer die betr. Stelle anzugeben.
2) s. Barbazan et Méon, 923 ss.

A chascun d'aller estoit heure,
Grant hideur ont de l'aueuture,
Et le duc en cult si grant ire
Qu'oncques puis on ne le vit rire;
Errant se troussa oultre mer.

3. Composition de la Sainte Escripture.

Dieser Titel findet sich gleich am Anfange unserer Hs.
Über zwei Pariser Hss. handelt ausführlich Paulin
Paris. Manuscrits françois IV, 1841, pag. 77—90 und 99—100.
Als Titel führt er an: *Les Ci Nous dit; Composition d'après
la Sainte-Ecriture.* Ersterer ist hergenommen von dem am
Anfange der Hauptabschnitte häufig wiederkehrenden *Ci nous
dit.* In unserem Ms. findet sich nur *Ci dit, Cy dit, Cy dist,
Cy apres dit* oder *Cy apres dist;* darauf folgt immer *que* oder
comment. Paris' Wunsch (a. a. O., Seite 80), das interessante
Werk gedruckt zu sehen, ist bis heute noch nicht in Erfüllung
gegangen.

Als Textproben habe ich gewählt den Anfang, in welchem eine ausführliche Inhaltsangabe des vollständigen
Werkes gegeben ist, ferner zwei auch von Paulin Paris
nach einer Pariser Hs. mitgeteilte Wunder Christi und
endlich den Schluſs des uns in dem Hamburger Ms. leider
nur unvollständig erhaltenen Werkes.

Anfang: Seite 193.

[V] es-cy vng liure qui est appelle vne composition de la
Saincte *E*scripture, lequel est prins ou vieulx *T*estament
et ou nouuel, en la legende des *S*ains et en la vie des *P*eres, puis
ou dialogue *S*ainct *G*regoire. Et est fait a la loange de la Saincte
*T*rinite et de la doulce vierge *M*arie et au prouffit *d*e ceulx qui
deuotement le liront et entendront. Et paroles premieres de la
generacion *N*ostre *D*ame et de sa natiuite. *E*t de la natiuite Ihesucrist *et* de sa saincte passion. Apres paroles du vieulx *T*estament
et du nouuel coniounct ensemble, en blasment les vices et en louant
les vertus en pluseurs propos dont ce liure fait mention. Ci com-
maince premiers a gloutenie. Car combien que orgueil soit la

racine de tous maulx et qu'il regna premiers de mauuais anges et
ou premier homme, ce fut Adam nostre premier perç, si regue
premierement gloutenie en nous qui sommes de [sa] generacion.
Et si parole apres de la fole conuoitise du monde et de plousieurs
perils pui en sont aduenus. Apres parole de plusours pechies et
des cruelx et diuers jugemens de noustre seignour qu'il a fais ou
temps sur les pecheurs. Apres parole comment se doiuent humilier
ceulx qui par predicacion recongnoissent leurs peches. Apres parole
des biens qui sont en confession. Apres de mcditacion et de con-
templacion et des prouftis qui y sont comme de oyr la messe.
Apres parole des grans biens qui sont en donant aux pouures et
en faisant ausmonne. [Seite 194.] Apres parole du grant proufiit
espirituel qui est en souffrer paciennement tribulacion pour l'amour
de Dieu. Et apres parole de la vie des Sains et de leurs miracles.
Apres parole de la fin du monde et du jugement et des peines
d'enfier et des joies de paradis. Apres paroles des commandemans
de la loy que Dieu escripst de son doy et les bailla a Moise pour
preschier au peuple. Apres parole du pelerinage de ce monde
comment on se doibt contenir et gouuerner pour aler droicte voie
en paradis. Apres est la complaincte nostre dame qu'elle fasoit
a la croix de son benoist fils nostre seigneur Ihesu Crist. Apres
est en brief et grant soubstance contenue la vie de perffection pour
auoir la gloire pardurable. Apres est contenu de ce que Dieu a
souffert en ce monde pour nous tous crestians. Et en ce nous
deuons recongnoistre sa tresgrant misericorde et sa tresgrant bonte
conposee par Saint Bernard. Meditacion selon Sainct Bernard sur
la passion Ihesus Crist et comment[1]) tous bons crestiens y doit
deuotement pancer et recongnoistre. Apres est la table de la foy
catholique faisant mencion de chouses qui s'ensuiuent. Premiers
de foy, d'esperance, et de charite, et des IIII vertus cardinaulx,
c'est-assauoir prudence, atrempence, force et justice. Item des Sept
pechies mortelx. Et des vertus qui sont encontre. Item des VII
ouures de misericorde appartenant[?] a l'ame. Item des VII sacre-
mens de saincte eglise. Item les VII peticions et demandes qui
sont contenues en la saincte paternoster. Item des VII dons du
Saint Esperit. [Seite 195.] Les II principaulx commandemans de

---

la loy en brief. Et les X commandemans briefuement comprins et esponses. Item les IIII consaulx de noustre seigneur selon l'euangile aux queulx sont tenus ceulx qui viuent ou doiuent viure en vie de perffection. Apres sont les VIII beatitudes. Apres fait mencion des joies de paradis. Apres fait mencion des peines d'enffer. Apres sont les XII articles de la foy qui furent fais et conposes par les XII apoustres. Apres sont aucunes deuotes oraisons de noustre dame et de noustre seigneur. Apres sont exprimes et declaires les pelerinages, pardons et indulgences des sainctes eglises de Romme et les stacions d'icelles qui sont en karesme. Apres sont les indulgences, pardons et veages et les pelerinages de la saincte terre d'oultre mer.

Seite 209[1]):

. Asses toust apres fut mors Herodes. Adonc s'en reuindrent au commandement de l'ange. Et ouuroit nostre dame de l'aguille. Et Ioseph faisoit charrues. Et luy aporta vn proudome du bois pour faire vne charrue. Et Joseph dist que le bois estoit trop court. Lors dist Ihesus Crist: „S'il est trop court, si le traes!" Et adonc Joseph qui sauoit l'enfant toutpuissant, ly dist: „Or tires d'une part, et je tireray d'aultre." Et en l'eure le bois fut si grant qu'il en couuint couper. Et ainci fut ce miracle exauce par toute la cite de Nazareth.

Seite 210[2]):

On ne lessoit en paix noustre dame et Joseph de mettre leur fils a l'escole. Mais il sauoit bien que nul ne le sauoit aprandre. Et pour la paix des gens garder, il le mirent a vng maistre. Et ne vouloit rien faire Jhesus Crist[3]) de chose que le maistre luy deist ne dire apres luy chose qu'il luy enseignast. Si luy donna Jhesus Christ vne buffe et tantost il cheut tout mort. Vng aultre maistre dist a noustre dame et a Joseph qu'il luy

[1]) s. Paulin Paris, a. a. O., pag. 80. Vergl. Rud. Hofmann. Leben Jesu nach den Apokryphen, Leipzig 1851. § 48 und 52; ferner Tischendorf, Evangelia apocrypha, Ed. II, Leipzig 1876; Rob. Reinsch. Die Pseudo-Evangelien von Jesu und Marias Kindheit. Halle 1879; Suchier, über provenzalische Bearbeitungen der Kindheit Jesu in ZfrP. VIII.

[2]) s. Paulin Paris, a. a. O., pag. 81. Auch vgl. Hofmann a. a. O. § 42 und die übrigen Anm. 1 angeführten Werke.

[3]) Ms.: xpst mit übergeschriebenem i.

cnuoiassent l'enfant et il l'aprenroit [Ms.: *lapenrroit*]. Lors print Jhesus Crist[1] vng pou de parchemin ou il n'auoit rien escript. Et en regardant dedans il disoit deuant le maistre moult de belles et de bonnes choses. Lors dist le maistre: „Haa, gentils enfant, je ne vous saroie rien aprenrre. Car le sainct esperit regne en vous." On dist a Jhesus Crist[2]) pourquoi le mestre a qui il auoit donne la buffe estoit mort, en luy reprenant. Et Jhesus Crist[2]): „Pour ce que tu as dit: cilz *qui* est mort sera ressuscite." Et ainsi fut fait. De lors nul n'osa plus parler de le mettre a l'escole.

Schlufs: Seite 252.

Maistre Hugues de Sainct Victor de Paris estoit si forment malade que nul ne luy onsoit donner le corps Jhesus Crit pour ce qu'il.[3]

4. Regres nostre Dame.

Seite 253:

Ci coumaince les regres nostre dame.[4]

Qui donra a mon chief eue(?) et a mes yeux fontaine de lermes que je puysse plourer par jour et par nuyt jusques atant que noustre sire s'aparcisse a moy, son seriant, en vellant, en dormant, pour conforter m'ame? O uous, filles de Jerusalem, espousees et amees de Dieu, ploures ensemble ou moy jusques atant que nostre bians amis debonnere et souef vyengne encontre nous. Si regardes, penses de cuer ententif comme amere chouse est a cuer l'eau la deserce de celuy a qui vous estes espousees par le veu de chastete. Rendes a Dieu ce que vous de luy aues, vous rendes luy vous meimes. Coures, filles, coures, saintes vierges, a la douce

---

[1]) *xpst* mit übergeschriebenem i.

[2]) Ms.: *xst* mit übergeschriebenem i.

[3]) Hiermit bricht unser Ms. ab. Der letzte Abschnitt über Hugo von St. Victor liefse sich ergänzen nach Paulin Paris, pag. 82—83. Nach Paris' Angaben über das Pariser Ms. dürfte das Hamburger Fragment kaum den fünften Teil des ersteren umfassen. Darin finden sich eine Menge interessanter Punkte, u. a. manches zur Geschichte der Kindheit Jesu. Aus Mangel an Raum mufs ich es mir leider versagen, hier weiter darauf einzugehen.

[4]) Diese Reihe viell. von späterer Hand. *R[egrets] nostre Dame* finde ich von Gröber verzeichnet in der Zeitschr. für roman. Philol. 1880 p. 462 unter Nr. 9. Sollte unsere Hs. damit in Verbindung zu bringen sein? Wie schon oben Seite 70 bemerkt wurde, ist unser Text nur ein Bruchstück von einer Seite.

vierge qui porta le doulx Ihesum Crist en ses persoes'(?) flanc.
celle qui le porta, qui l'aleta de ses mamelles[1]), qui partont
l'ensuinct neis jusqu'a la mort a la croyz. Ha, *Dieulx*, qu'est ce
que je ay dit? Le lessa elle doncques illec? Nenil voir. Certes.
elle y fut *comme* si l'ean *comme* elle estoyt, tant comme ell[e y]
peut plus estre. Je croy *certaynement* qu'elle estoyt ou celles
dames qui plourent son doulx filz tant *comme* le doulx agncau, non
pas *comme* sire dou ciel *et* de la *terre*, mais *comme* plains de
toutes douleurs. Dont dist il ceste parole[2]): O nous filles de
Jerusalem, ne ploures pas sur moy, mes ploures sur vos enfans!
Ha, dame de paradis, oues moy, mere au doulx Ihesucrist, n'est ce
noir, ce *que* je dy? Dame, je vous pri humblement *que* vous me
dites la verite, et ne *vous* desplese mie si je, voustre serf, parle si
hardiment a sa dame. Ert *pour* ce, doulce dame, que je plus
dignement *et* plus doulcement puisse ouir ce *que* *vous* me dires; je
vous pri 'que vous me donner [!] aucunes des lermes que *vous*
eustes en sa passion. Dont dist la vierge: Ha, biaus amis.

5. Chappellet de virginite.

Oben auf Seite 255 von späterer Hand geschrieben und
kaum noch lesbar: *Le chappellet de virginite.* Dieser Titel ist
entnommen aus dem Schlusse: *Explicit le chappellet de virginite.*

Unter gleichem Titel führt Brunet, s. v. Chapellet.
mehrere alte Drucke auf. von denen einer auch den Verfasser
angiebt: „Le Chapelet de virginite. dit d'amours spirituelles.
faict *et* compose par maistre Pelerin de Vermandois.“
Zwei Exemplare dieser alten Drucke, denen die Titelblätter
fehlten. hat Brunet in Verkaufskatalogen verzeichnet gefunden
als *Chappelet d'amour spirituelle* und als *Le Jardin des fleurs
pour les ames devotes.*

Anfang und Schluſs. sowie die Anfänge der Hauptabschnitte des Hamburger Textes teile ich sogleich mit. Aus
diesen dürfte sich der ungefähre Inhalt des ganzen Textes
ersehen lassen.

---

[1]) s. Evang. Lucae 11, 27.
[2]) s. Evang. Lucae 23, 28.

Anfang: Seite 255[1]):

[C]y commence le linre du chappellet. La premiere fleur est fleur de lis qui signiffi[ie] vertu de virginite et de chastete pour v[ne vi]erge au commencement. Car c'est la premiere v[e]rtu que *D*ieu donne a homme et autre vertu ne porte homme du ventre sa [m]ere sans esp*iritu*ale grace ffors que tant seulement virginite que *D*ieu donne sans l'aide d'o*m*me. Car homm[e] ne peult estre chaste se *D*ieu ne luy donne. A[in]si dit le saige *S*alemon em VIII[e] chappitre[2]). Et puis q[u]e si grant seigneur co*m*me *D*ieu est donne si grant don, pour ce doit l'en dilligemment gard[e]r sa virginite et sa chastete.

Seite 261, Z. 23: La violette.

Apres le lis la seconde fleur du chappellet est la violette qui signiffie hu*m*ilite qui est neccessaire a virginite. Car v*ir*ginite de corps ne vault rien qui n'a en soy hu*m*ilite de cueur.

Seite 264, Z. 28: La rose.

La tierce fleur du chappellet est la rose qui signiffie vertu d'amour et de charite.

Seite 274, Z. 1:

La quarte feulle du chappellet est soussicle. Ceste fleur est en coulleur d'or et signiffie vertu de pascience.

Seite 280, Z. 22:

Apres ces quatre choses les fleurs mettrai ge au chappellet le muguet. Ce muguet siguiffie vertu de vraye foy.

Seite 282, Z. 1:

Afin que le chappellet soit parfait, il conuient que ces fleurs soient liees donc d'un long fil sur vne eclicette et je desire moult que vous en soyez l'esclicette.

Schlufs: Seite 292, Z. 21:

Et je prie *D*ieu qu'il no*us* vueille ainsi aider a le garder et nous doint si souuent l'arouser que no*us* le puisson frais et nouuel deuant *D*ieu porter. Et ce no*us* vueille octroyer et donner le pere et fils et le sa*in*ct esprit. Amen.

Explicit le chappellet .

de virginite.

---

[1]) Seite 255 zeigt Spuren von Beschädigung (s. oben Seite 69); ich habe die betreffenden Stellen in der Textprobe in eckigen Klammern wiedergegeben.

[2]) Weisheit Salomonis VIII. 21.

6. Le chemin et la voye de paradis.

Cy commence le chemin et l[a voye][1]) de paradis.

    Qui vueult en paradis aller,
    Cy en peult (en) la voie trouuer:
    Doubter *Dieu* souuerainement
    Et l'aimer tresparfaictement[2]),
5 A son prouchain toute amictie,
    D'aultruy meschef auoir pitie,
    Obedience sans murmure
    Et pascience contre iniure,
    Humilite qui n'est pas faincte,
10 Pouurecte qui n'est pas contraincte,
    Purete de cueur et de corps.
    Asprecte donner a son corps.
    Confession bien ordonnee,
    vraye[3]) foy de *Dieu* enluminee,
15 Honneste connersacion,
    Souuent frequenter oraison,
    Tousiours en *verite parler*[1])
    Et souuent *son deffault plourer*[5],
    Sobriete et atrempance,
20 Pensser de Ihesus sa souffrance
    Et recorder ses beneffices,
    Le sacrement ou sont (tous) delices
    Sommes tenus prendre souuent,
    Et le louer deuotement,
25 Pitie, amour, paix et concorde,
    Charite et misericorde.
    V(oi)es-cy[6]) le chemin et la voye
    Qui l'ame en paradis enuoie.
        Amen
        Explicit le chemin
        de paradis

---

[1]) Die obere Ecke des letzten Blattes ist abgerissen; die Lücke ergänze ich nach Vers 27. — [2]) *parfaictement* latinisierende Orthographie, ebenso Vers 9 *faincte*, 10 *contraincte*, 4 *amictie* und analog wohl 10 *pouurecte* und 12 *asprecte* — [3]) *vraye* wird wohl einsilbig genommen sein. — [4]) Ms.: *parlèr verite*. — [5]) Ms.: *plourer son deffault*. — [6]) *ves-cy* zu lesen, wie oft, so auch Ms. Seite 193, 1; s. oben Seite 78.

Hannover.   Dr. R. Heiligbrodt.